레이스 손뜨개
아름다운 꽃 도일리

Flower Lace Doily

"UTSUKUSHII TESHIGOTO OHANA NO LACE DOILY"
Copyright © E & G Creates Co., Ltd. 2022
All rights reserved.
Original Japanese edition published by E & G Creates Co., Ltd.

This Korean edition published by arrangement with E &G Creates Co., Ltd., Tokyo
in care of Tuttle-Mori Agency, Inc., Tokyo, through Eric Yang Agency, Seoul.

이 책의 한국어판 저작권은 에릭양 에이전시를 통한 日本ヴォーグ社와의 독점계약으로
㈜북핀에 있습니다. 저작권법에 의하여 한국 내에서 보호를 받는 저작물이므로 무단전재와 무단복제를 금합니다.

Contents

화려하고 다채로운 도일리
Colorful Doily

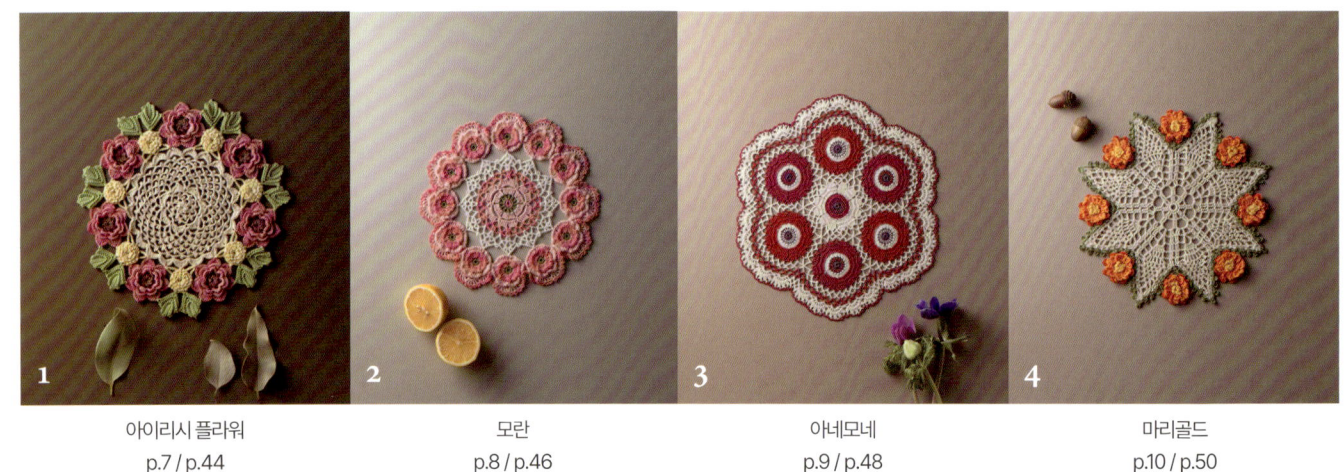

1. 아이리시 플라워 — p.7 / p.44
2. 모란 — p.8 / p.46
3. 아네모네 — p.9 / p.48
4. 마리골드 — p.10 / p.50

5. 수국 — p.11 / p.52
6. 아이리시 로즈 — p.12·13 / p.54
7. 아이리시 로즈 — p.12·13 / p.54
8. 물망초 — p.14 / p.56
9. 프리뮬러 — p.15 / p.58

10. 마거리트 — p.16·17 / p.60
11. 마거리트 — p.16·17 / p.60
12. 해바라기 — p.18 / p.62
13. 포인세티아 — p.19 / p.65

세련된 단색 도일리
One-Color Doily

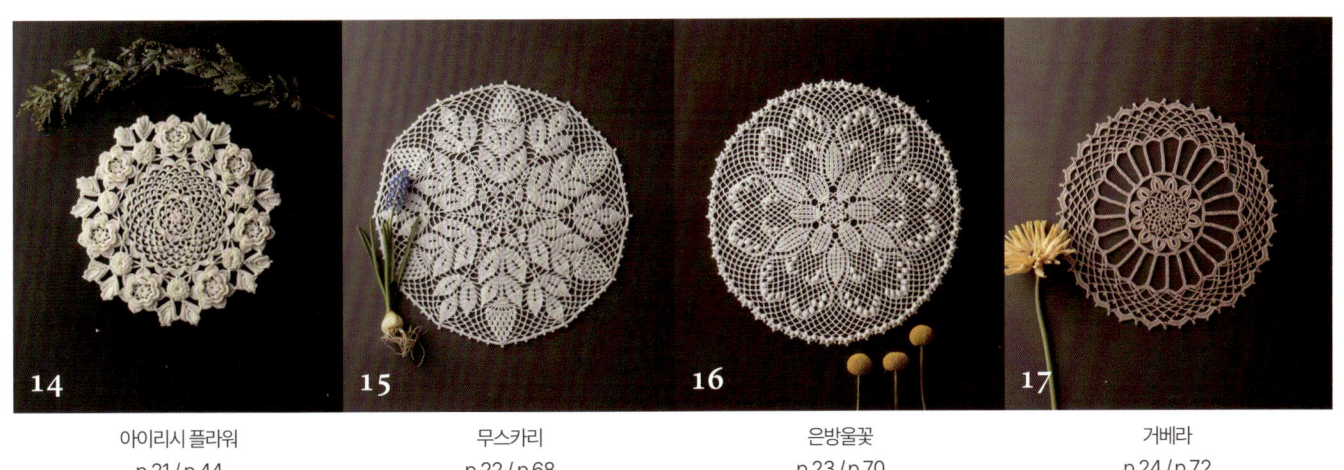

| 14 아이리시 플라워 p.21 / p.44 | 15 무스카리 p.22 / p.68 | 16 은방울꽃 p.23 / p.70 | 17 거베라 p.24 / p.72 |

| 18 클레마티스 p.25 / p.74 | 19 튤립 p.26 / p.76 | 20 팬지 p.27 / p.78 | 21 리프 p.28·29 / p.80 | 22 |

| 23 꽃과 나비 p.30 / p.82 | 24 스몰 플라워 p.31 / p.84 | 25 백합 p.32 / p.86 |

도일리를 즐기는 방법
p.33~35

Basic Lesson
p.36~39

Point Lesson
p.40~42

이 책에서 사용한 실과 도구
p.43

레이스 코바늘 뜨기의 기초
p.88~91

❊ Colorful Doily ❊
화려하고 다채로운 도일리

방의 분위기를 밝게 만들어주는 색채가 풍부한 꽃들.
이곳에서는 그런 화려한 꽃들에서 영감을 받은 다채로운 도일리를 소개합니다.
장미처럼 일 년 내내 즐기고 싶은 것부터
해바라기나 포인세티아처럼 계절에 맞추어 즐기고 싶은 것까지 다양한 종류의 꽃을 모았습니다.
볼 때마다 기분이 좋아지는 화려한 꽃 도일리로 멋진 꽃과 함께하는 생활을 즐겨주세요.

아이리시 플라워 p.44

Size 지름 26cm
Yarn 올림푸스 에미그란데 <허브>

1

모란 p.46

Size 지름 22cm
Yarn DMC 세베리아 10번

2

아네모네 p.48

Size 가로 24cm×세로 27cm
Yarn 올림푸스 금표 40번 레이스실

마리골드 p.50

Size 지름 25cm
Yarn DMC 세베리아 10번

수국 p.52

Size 가로 31cm×세로 21cm
Yarn DMC 세베리아 10번

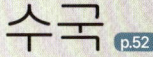

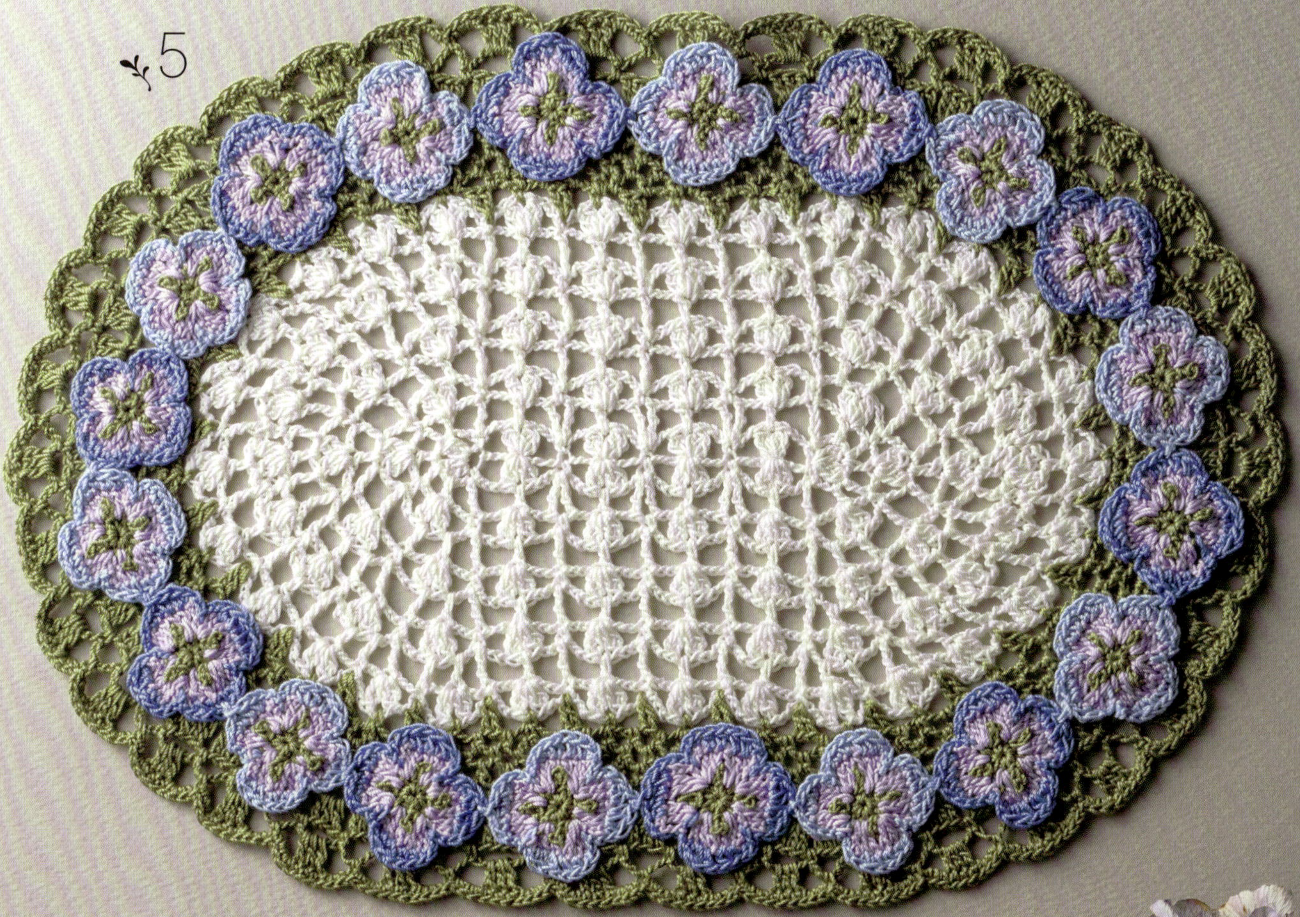

아이리시 로즈 p.54

Size 지름 25.5cm
Yarn DMC 세베리아 30번

물망초 p.56

Size 지름 29cm
Yarn DMC 세베리아 10번

8

프리뮬러 p.58

Size 26cm×26cm(사각)
Yarn 올림푸스 에미그란데, 에미그란데 <컬러>, 에미그란데 <허브>

마거리트 p.60

Size 지름 25cm
Yarn DMC 세베리아 20번

10

11

Colorful Doily 17

해바라기 p.62

Size 지름 33cm
Yarn DMC 세베리아 20번

12

포인세티아 p.65

Size 가로 33cm×세로 29cm
Yarn DMC 세베리아 10번

Colorful Doily

One-Color Doily
세련된 단색 도일리

미술품처럼 아름다운, 한 가지 색으로 뜬 세련된 도일리.
섬세하고 수공예의 아름다움이 한층 더 돋보이는 원 컬러 도일리를 소개합니다.
커다랗게 피는 꽃, 고개를 숙이는 꽃 등 여러 가지 형태의 꽃들을 다양하게 모았습니다.
완성되었을 때의 모습을 상상하면서 한 단계씩 정성 들여 뜨는
더없이 행복한 시간을 즐겨주세요.

아이리시 플라워 p.44

Size 지름 26cm
Yarn 올림푸스 에미그란데

One-Color Doily

15

무스카리 p.68

Size 지름 31cm
Yarn DARUMA 레이스실 #30 아오이

은방울꽃 p.70

Size 지름 32cm
Yarn DARUMA 레이스실 #30 아오이

16

One-Color Doily

거베라 p.72

Size 지름 28cm
Yarn DARUMA 레이스실 #30 아오이

클레마티스 p.74

Size 지름 30cm
Yarn DARUMA 레이스실 #30 아오이

튤립 p.76

Size 지름 38cm
Yarn 올림푸스 금표 40번 레이스실

19

팬지 p.78

Size 가로 36cm×세로 32cm
Yarn 올림푸스 금표 40번 레이스실

One-Color Doily

리프 p.80

Size 지름 38cm
Yarn 올림푸스 금표 40번 레이스실

21

꽃과 나비 p.82

Size 지름 29.5cm
Yarn 올림푸스 금표 40번 레이스실

23

스몰 플라워 p.84

Size 지름 33cm
Yarn DARUMA 레이스실 #30 아오이

24

백합 p.86

Size 가로 37cm×세로 39cm
Yarn 올림푸스 금표 40번 레이스실

❈ Enjoy Doily ❈
도일리를 즐기는 방법

도일리를 뜨고 난 후 어떻게 활용할까 고민했던 적이 있나요?
도일리를 활용하는 다양한 방법에 대해 소개합니다.
바닥에 깔아주는 용도는 물론 걸어두기, 장식하기,
꿰매기 등의 방법으로 자유롭게 즐겨보세요.

크기가 큰 도일리는 덮개로 최적입니다.
생활의 다양한 곳에서 사용될 수 있는 덮개는
아이디어를 내기에 따라 사용법이 다양합니다. (작품 9)

심플한 트레이에 도일리를 깔면 훨씬 화려해요.
손님을 대접할 때, 액세서리 트레이 등
장식을 더하고 싶을 때 추천합니다. (작품 16)

구멍이 많은 도일리는 선반에 걸치거나 올리는 방법을 추천해요.
식기 선반이나 벽 선반, 책장 등
집안의 곳곳에 활용해 보세요. (작품 19)

정성껏 뜬 도일리는 액자에 넣어 인테리어용으로 사용하세요.
특히 계절감이 뚜렷한 도일리는
새롭게 맞는 계절을 즐기는 한 방법이 됩니다. (작품 13)

소파의 등받이 커버 등 오래전부터 사용된 활용법도 있습니다.
가구를 보호해주고 장식의 역할도 하니까
일석이조이지요. (작품 20)

무늬가 없는 쿠션 커버에 도일리를 꿰매면 화려한 분위기가 더해져요.
도일리는 패브릭 아이템과 궁합이 좋으므로
다양하게 아이디어를 더해 보세요. (작품 1)

Basic Lesson

앞쪽 반 코 또는 뒤쪽 반 코를 주워 뜨는 방법

◆ 앞쪽 반 코 주워 뜨기(작품 1·14, 4, 9)

1 화살표 방향으로 바늘을 넣어 전단의 앞쪽 반 코(1가닥)만 주워 뜬다.

2 a는 앞쪽 반 코만 주우며 1단을 뜬 상태. b는 편물을 뒤집어 뒤에서 본 상태로, 주워 뜨지 않은 뒤쪽 반 코(1가닥)가 남아 있다.

◆ 남아 있는 뒤쪽 반 코 주워 뜨기(작품 1·14, 4)

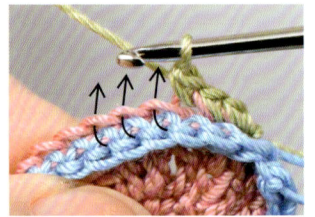

1 전단을 앞으로 젖혀 두고, 화살표 방향으로 바늘을 넣어 전단을 뜨면서 남겨졌던 전전단의 뒤쪽 반 코(1가닥)를 주워 뜬다.

2 뒤쪽 반 코를 주우며 뜨개질을 좀 더 진행한 상태. 편물이 앞과 뒤 양쪽으로 나뉘어 떠진다.

◆ 뒤쪽 반 코 주워 뜨기(작품 13)

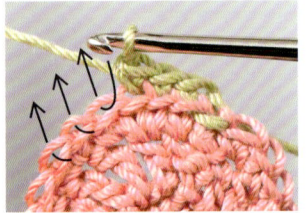

1 화살표 방향으로 바늘을 넣어 전단 코의 뒤쪽 반 코(1가닥)만 주워 뜬다.

2 뒤쪽 반 코를 주우며 1단을 뜬 상태. 주워 뜨지 않은 앞쪽 반 코(1가닥)가 남아 있다.

◆ 남아 있는 앞쪽 반 코 주워 뜨기

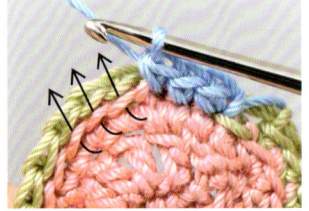
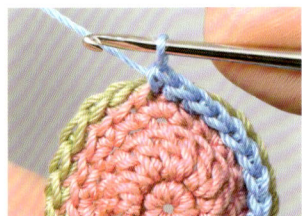

1 화살표 방향으로 바늘을 넣어 남아 있는 앞쪽 반 코를 주워 뜬다.

2 남아 있는 앞쪽 반 코를 주우며 뜨개질을 좀 더 진행한 상태. 편물이 앞과 뒤 양쪽으로 나뉘어 떠진다.

코의 다리를 주워 뜨는 방법

◆ 짧은뜨기의 다리를 주워 뜨는 경우(작품 1·14, 6·7)

1 지정된 위치의 짧은뜨기 코 뒤쪽으로 보이는 2가닥에 화살표 방향으로 바늘을 넣어 다리를 줍는다.

2 바늘을 넣은 상태(a), 뜨기를 마친 상태(b).

◆ 한길긴뜨기의 다리를 주워 뜨는 경우(작품 6·7)

1 지정된 위치의 한길긴뜨기 코 뒤쪽으로 보이는 2가닥에 화살표 방향으로 바늘을 넣어 다리를 줍는다.

2 바늘을 넣은 상태(a), 뜨기를 마친 상태(b).

3 1단을 다 뜬 상태.

모눈뜨기의 한길긴뜨기 코를 줍는 방법

◆ 겉쪽에서 한길긴뜨기의 코 줍기 (작품 20)

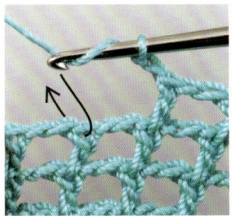 

1 모눈뜨기로 전단의 한길긴뜨기 코를 주워 한길긴뜨기를 뜰 때 화살표와 같이 바늘을 넣어 전단의 한길긴뜨기 코 머리 사슬 2가닥과 뒷산(총 3가닥)을 줍는다.

2 한길긴뜨기를 뜬 상태. 이렇게 뜨면 한쪽으로 기울어지는 것을 막을 수 있다.

◆ 안쪽에서 한길긴뜨기의 코 줍기 (작품 20)

  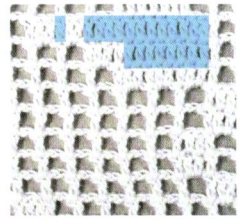

1 편물의 안쪽을 보고 뜰 때도 겉쪽을 보고 뜰 때와 마찬가지로 머리 사슬 2가닥과 뒷산(총 3가닥)을 화살표와 같이 줍는다. (겉쪽에서 볼 때와 코의 모습이 조금 다르게 보인다.)

2 한길긴뜨기를 뜬 상태. 이렇게 뜨면 한쪽으로 기울어지는 것을 막을 수 있다.

이와 같은 방법으로 뜨면 한길긴뜨기가 기울어지지 않아 보기 좋지만, 두께는 약간 두꺼워진다. 따라서 칸을 메우는 부분(■)의 한길긴뜨기는 머리 사슬 2개만 주워 뜨고, 칸막이 역할을 하는 양 끝의 한길긴뜨기만 앞서의 방법을 사용하면 단점을 보완할 수 있다. 단, 이때는 한길긴뜨기 간의 높이에 차이가 날 수 있다.

모눈뜨기 칸 늘리는 방법과 줄이는 방법

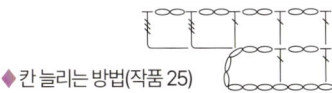

◆ 칸 늘리는 방법 (작품 25)

1 사슬 2개를 뜬 다음 바늘에 실을 3번 감고 화살표와 같이 전단의 기둥코 마지막 사슬(마지막 한길긴뜨기를 뜬 곳)에 바늘을 넣는다.

2 세길긴뜨기(p.89 참조)를 뜬다.

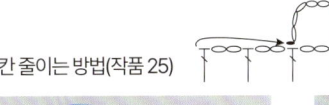

◆ 칸 줄이는 방법 (작품 25)

 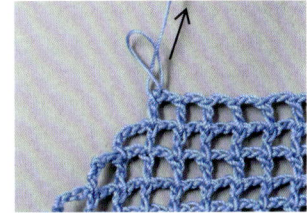

1 칸을 줄이려는 곳까지 뜨고 나면 바늘을 고리에서 빼내고 손으로 고리를 잡아당겨 크게 만든 후 실타래를 그 속으로 넣는다.

2 실을 당겨 고리를 조인다.

3 세길긴뜨기를 뜬 상태. 한 칸이 늘어났다. 계속해서 사슬 2개를 뜬 다음 바늘에 실을 3번 감고 화살표와 같이 바늘을 넣어 먼저 뜬 세길긴뜨기 다리 두 가닥을 줍는다.

4 세길긴뜨기를 뜬다.

3 도안의 화살표 끝이 위치한 곳(코)에 바늘을 넣고 바늘 끝에 실을 건다.

4 바늘을 당겨 빼고(=빼뜨기) 사슬을 뜬다. 뜨개 위로 걸쳐져 있는 실은 테두리를 뜰 때 함께 감싸서 뜬다.

5 세길긴뜨기를 완성한 상태. 끝에 2칸이 늘어났다.

모티브를 연결하는 방법

◆ 사슬을 감싸서 빼뜨기로 연결하는 방법(작품 1·14, 5, 10·11, 12, 23)

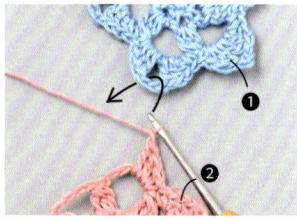 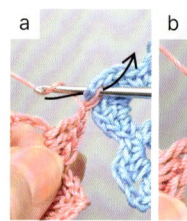

1 모티브(❷)를 뜨다가 연결 지점에서 먼저 뜬 모티브(❶) 또는 본체에 화살표와 같이 바늘을 넣는다.

2 바늘 끝에 실을 걸고 끌어당겨 바늘에 걸린 고리까지 한 번에 빼낸다(a). 2장의 모티브가 연결된 상태(b).

◆ 한 곳에서 여러 장의 모티브를 빼뜨기로 연결하는 방법(작품 1·14, 12)

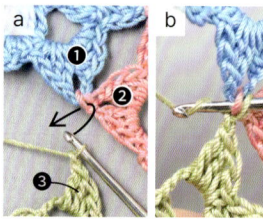 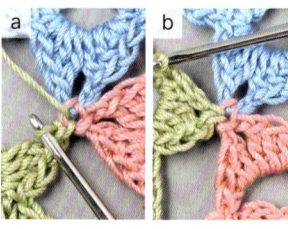

1 모티브(❸)를 뜨다가 연결 지점에서 앞서 두 모티브(❶, ❷)를 연결하면서 뜬 빼뜨기의 다리 2가닥 사이에 화살표와 같이 바늘을 넣는다(a). 바늘 끝에 실을 걸고 끌어당겨 바늘에 걸린 고리까지 한 번에 빼낸다(b).

2 a는 빼뜨기로 모티브 3장을 연결된 상태. b는 마지막 모티브의 뜨개질을 좀 더 진행한 상태.

◆ 사슬을 감싸서 짧은뜨기로 연결하는 방법(작품 2, 3, 8)

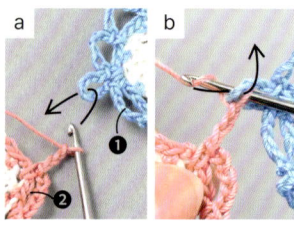 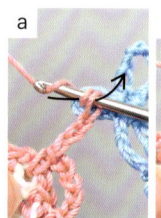

1 모티브(❷)를 뜨다가 연결 지점에서 먼저 뜬 모티브(❶) 또는 본체에 화살표와 같이 바늘을 넣는다(a). 바늘 끝에 실을 걸고 당겨서 실을 끌어낸다(b).

2 다시 바늘에 실을 걸고 끌어당겨 바늘에 걸린 고리까지 빼낸다(a). 짧은뜨기가 떠지면서 2장이 연결되었다(b).

◆ 한 곳에서 여러 장의 모티브를 짧은뜨기로 연결하는 방법(작품 3)

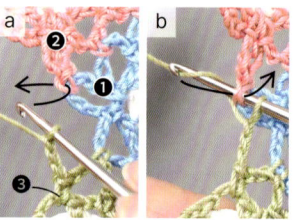 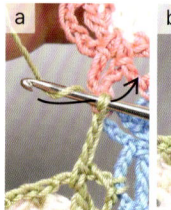
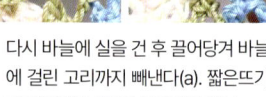

1 모티브(❸)를 뜨다가 연결 지점에서 앞서 두 모티브(❶, ❷)를 연결하면서 뜬 짧은뜨기의 다리 2가닥 사이에 화살표와같이 바늘을 넣는다(a). 바늘 끝에 실을 걸고 당겨서 실을 끌어낸다(b).

2 다시 바늘에 실을 건 후 끌어당겨 바늘에 걸린 고리까지 빼낸다(a). 짧은뜨기가 떠지면서 3장이 연결되었다(b).

◆ 코(머리 사슬)를 주워 짧은뜨기로 연결하는 방법(작품 9, 13)

1 모티브(❷)를 뜨다가 연결 위치까지 왔을 때 바늘을 고리에서 뺀 다음, 화살표와 같이 먼저 뜬 모티브(❶)의 코(머리 사슬)에 바늘을 넣고 ❷의 고리(바늘을 뺀 곳)가 바늘 끝에 걸리도록 바늘을 끼운다.

2 바늘 끝에 걸린 ❷의 고리를 당겨서 완전히 빼낸 다음(a), 화살표와 같이 ❷의 다음 코에 바늘을 넣는다(b).

◆ 한길긴뜨기로 연결하는 방법(작품 6·7)

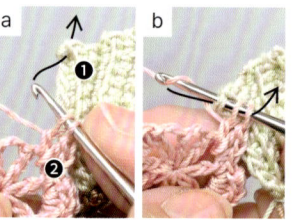 

1 모티브(❷)를 뜨다가 연결 위치에서 미완성 한길긴뜨기(p.89 참조)를 뜬 다음 먼저 뜬 모티브(❶)의 연결 지점에 화살표와 같이 바늘을 넣는다(a). 바늘 끝에 실을 걸어 한 번에 빼낸다(b).

2 한길긴뜨기가 완성되어 모티브 2장이 연결되었다.

3 짧은뜨기를 뜬다. 즉, 바늘 끝에 실을 걸고 바늘을 당겨 실을 끌어내고, 다시 실을 걸어 한 번에 빼낸다.

4 짧은뜨기로 모티브 2장이 연결되었다.

마무리 방법

 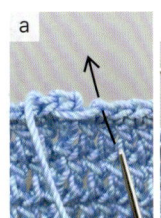  

1 마지막 뜨개까지 뜬 다음 실을 20cm 정도 남기고 자른다. 돗바늘에 실을 꿰고 단의 두 번째 코 머리 사슬에 바늘을 넣는다.

2 바늘을 당겨 뺀 다음 그림과 같이 마지막 코의 머리 사슬 뒤쪽 반 코와 뒷산을 주우며(a) 다시 바늘을 넣는다(b).

3 바늘을 당겨서 첫 코의 머리 사슬과 사슬의 크기가 같아질 때까지 사슬을 조인다. 새로 만들어진 사슬이 첫 코를 덮으며 마지막 코와 이어진다.

4 남아 있는 실 끝은 편물을 뒤집어서 마지막 단의 뒷산으로 바늘을 통과시켜 숨긴다.

◆ 그물뜨기의 경우

1 마지막 그물뜨기에서 사슬을 1개 적게 뜨고(원래 사슬 5개라면 4개까지만 뜨고) 20cm 정도 실을 남긴 후 끊어준다. 돗바늘에 실을 꿰고 화살표와 같이 마지막 단의 첫 코 머리 사슬에 바늘을 넣었다가(a) 마지막 코의 반 코와 뒷산을 주우며 다시 바늘을 넣는다(b).

2 실을 당겨 마지막 그물의 마지막 사슬을 만들어준다.

3 남아 있는 실 끝은 편물을 뒤집어서 마지막 단의 뒷산으로 바늘을 통과시켜 숨긴다.

도일리 세척 및 블로킹

 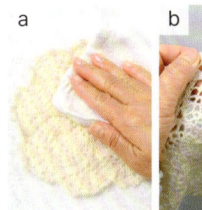  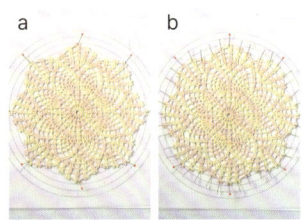

1 세면기에 물을 담고 세탁 세제를 풀어 녹인 다음 작품을 담근다. 오염된 얼룩 등을 손으로 주물러 씻어낸 다음, 물을 바꾸고 잘 헹군다.

2 마른 수건에 작품을 올리고 손으로 눌러 물기를 제거해 반건조 상태로 만든다(a). 이때 정렬이 어긋나는 부분이 있으면 손으로 늘려 조정해 준다(b).

3 블로킹용 대지 위에 트레이싱 페이퍼를 올린다.

4 3 위에 작품을 올리고 주요 꼭짓 부분에 실크 핀을 꽂는다(a). 핀을 꽂은 사이 사이에 촘촘하게 핀을 더 꽂아준다(b). 큰 작품의 경우 안쪽, 바깥쪽, 가장자리 등 몇 단계로 나누어 핀을 꽂으면 좋다.

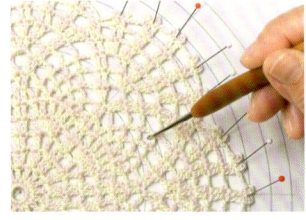 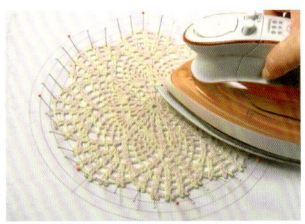  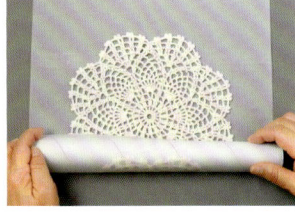

5 작품의 형태를 다듬는다. 세세하게 형태를 관찰하여 어긋나 있는 부분이 있으면 레이스용 코바늘이나 돗바늘 등으로 움직여 형태를 잡는다.

6 다리미를 올리고 스팀을 쐬어준다.

7 작품이 마르기 전에 전체에 스프레이 풀을 뿌린다. 완전히 마르면 핀을 제거하고 완성한다.

8 도일리를 사용하지 않고 보관할 때는 얇은 종이와 함께 랩 심 등에 감아 두면 모양이 어긋나지 않고 깔끔하게 보관할 수 있다.

✤ Point Lesson ✤

*Point Lesson의 따라하기 과정 사진들은 이해를 돕기 위해 실제 작품에서 사용된 실이 아닌 다른 종류의 실과 색상으로 바꾸어 설명하고 있습니다.

4 마리골드 p.50

◆ 테두리와 꽃 모티브 연결 방법

1. 테두리를 뜨다가 연결 위치(●)에서 꽃 모티브 5단의 세길긴뜨기 다리를 그림과 같이 바늘을 넣어 줍니다.

2. 바늘에 실을 걸고 바늘에 걸린 고리까지 한 번에 빼낸다(a). 테두리와 꽃 모티브가 빼뜨기로 연결되었다(b).

8 물망초 p.56

◆ 본체 9·10단 뜨는 방법

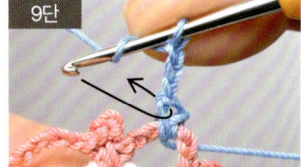

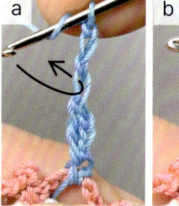
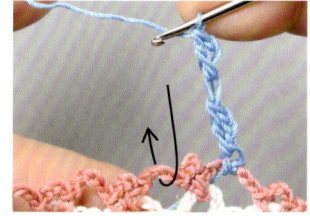

1. 지정된 위치(▽)에 실을 새로 연결하고 [기둥코 사슬 1+짧은뜨기 1+사슬 3]을 뜬 다음 바늘에 실을 한 번 감고 화살표와 같이 바로 전에 뜬 짧은뜨기의 다리 2가닥을 줍는다.

2. 바늘 끝에 실을 걸어 끌어낸다(a). 한길 긴뜨기를 완성한다. 즉, 바늘에 실을 걸고 바늘에 걸린 고리를 2개씩 2번 빼낸다(b).

3. 이어서 사슬 4개를 뜬 다음 1번째 사슬의 앞쪽 반 코를 주워 한길긴뜨기를 뜬다. 즉, 바늘에 실을 1번 감고 화살표와 같이 바늘을 넣은 다음(a) 바늘 끝에 실을 걸어 끌어내고 다시 바늘에 실을 걸어 고리 2개를 빼낸다(b).

4. 바늘에 실을 걸어 나머지 고리 2개를 빼내 한길긴뜨기를 완성하고, 다음 그물뜨기의 사슬을 감싸며 짧은뜨기를 뜬다. 이후 같은 요령으로 떠 나간다.

5. 10단도 9단처럼 무늬를 뜨다가 9단의 4-사슬 중 첫 번째 사슬 뒤쪽 반 코와 뒷산(총 2가닥)을 주워 빼뜨기 한다.

6. 빼뜨기가 끝난 상태

7. 계속해서 사슬 3개를 뜨고 5에서 주워 뜬 곳과 같은 곳에 바늘을 넣어 한길긴뜨기를 뜬다. 사진은 한길긴뜨기를 뜬 상태.

10·11 마거리트 p.60

◆ 꽃중심의 5단 뜨는 방법

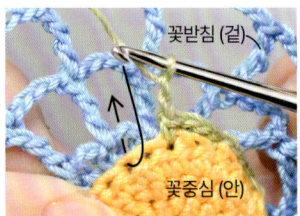 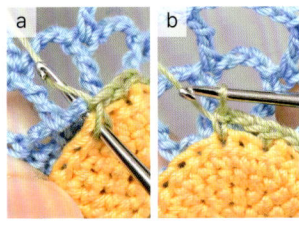 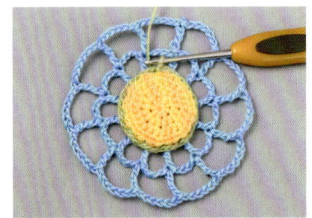

1. 꽃중심 편물을 뒤집어서 꽃받침 위에 포개고, 바늘을 꽃중심 4단의 머리 사슬 아래와 꽃받침 2단의 사슬 아래로 넣는다. (=꽃중심 4단의 코와 꽃받침 사슬을 감싸서 함께 줍는다.)

2. 바늘 끝에 실을 걸어(a) 짧은뜨기를 뜬다(b). 계속해서 같은 방법으로 5단을 뜬다.

3. 꽃중심과 꽃받침을 꼼꼼하게 뜨개질로 연결하면서 5단을 뜬 상태.

◆ 꽃잎과 꽃받침을 연결하는 방법

   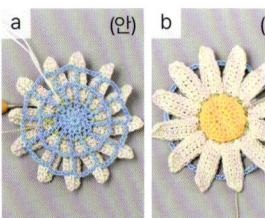

1. 꽃잎의 2단 ■까지 뜨고 고리에서 바늘을 빼낸 다음 꽃받침 4단의 한길긴뜨기 머리 사슬 아래로 뒤쪽에서 바늘을 넣고, 바늘을 빼두었던 고리에 다시 바늘을 끼워 넣는다.

2. 고리가 바늘 끝에 걸리도록 하여 고리를 끌어내고(a), 다음 코의 앞쪽 반 코를 줍는다(b).

3. 다음 코에 짧은뜨기를 뜬 상태.

4. 꽃잎을 모두 떠서 꽃잎과 꽃받침이 연결된 상태의 안쪽(a)과 겉쪽(b).

17 거베라 p.72

◆ 10단의 꽃잎 ❶~㉔ 뜨는 방법

 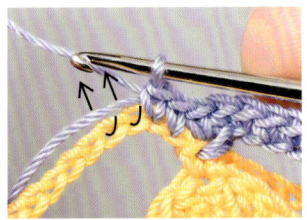  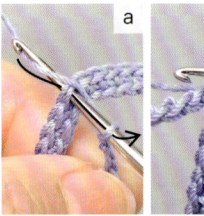 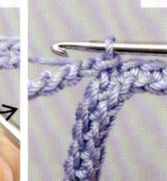

1. [사슬 27+기둥코 사슬 1]을 뜨고, 방향을 돌려 방금 전 뜬 사슬들의 뒷산을 주우며 [짧은뜨기 27]을 뜬다.

2. 9단의 사슬 반 코와 뒷산(총 2가닥)을 주우며 짧은뜨기 4코를 뜬다.

3. [사슬 27]을 뜨고 먼저 뜬 [짧은뜨기 27] 중 11번째 짧은뜨기 머리 사슬에 바늘을 넣는다.

4. 바늘에 실을 걸어 한 번에 빼낸다(a). 빼뜨기로 꽃잎 ❶과 연결되었다(b).

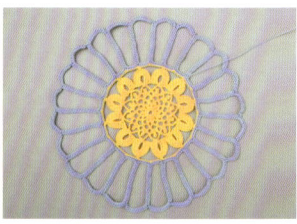

5 같은 방법으로 방금 전 뜬 사슬의 뒷산을 주우며 [기둥코 사슬 1+짧은뜨기 27]을 뜬다. 이런 방법으로 24개의 꽃잎을 뜬다.

6 마지막 꽃잎(24)은 [사슬 27+기둥코 사슬 1]을 뜨고 사슬의 뒷산을 주우며 [짧은뜨기 9]를 뜬다. 그리고 10번째 짧은뜨기는 미완성 짧은뜨기(p.89 참조)를 먼저 뜨고, 꽃잎 1의 기둥코 사슬과 첫 번째 짧은뜨기 코 사이에 바늘을 넣는다.

7 바늘에 실을 걸어 한 번에 빼낸다(a). 첫 번째 꽃잎과 마지막 꽃잎이 연결되었다(b). 계속해서 끝까지 뜬다.

8 10단을 완성한 상태

23 꽃과 나비  p.82

◆ 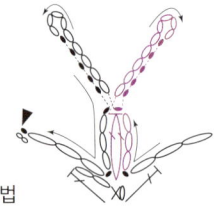 의 뜨는 방법

1 전단의 사슬을 감싸며 한길긴뜨기를 뜨고 [사슬 3]을 뜬 다음 먼저 뜬 한길긴뜨기의 머리 사슬에 바늘을 넣는다.

2 바늘에 실을 걸어 빼고 한길긴뜨기를 완성한다.

3 한길긴뜨기를 완성한 상태. 계속해서 사슬을 감싸며 한길긴뜨기를 뜬다.

4 한길긴뜨기를 뜨고 나면 무늬 1개가 완성된다.

◆ 머리와 더듬이 뜨는 방법

1 [사슬 3+한길긴뜨기 2코 구슬뜨기]를 뜬다.

2 [사슬 9]를 뜨고 그 사슬을 주우며 빼뜨기를 5번 하며 돌아오고, 한길긴뜨기 2코 구슬뜨기 코를 주워 빼뜨기 한다. → 오른쪽 더듬이 완성

3 오른쪽 더듬이와 같은 방법으로 [사슬 9 → 빼뜨기 5 → 구슬뜨기 코를 주워 빼뜨기 1]을 뜬다. → 왼쪽 더듬이 완성

4 [사슬 3]을 뜨고 몸체의 짧은뜨기 코에 빼뜨기 한 다음 다시 [사슬 3]을 뜨고 날개 가장자리에 빼뜨기 한다.

Material Guide
이 책에서 사용한 실과 도구

실

올림푸스제사주식회사

1) 에미그란데 — 이집트 면 100%, 레이스용 코바늘 0호~모사용 코바늘 2/0호
50g · 약 218m · 56색 / 100g · 약 436m · 8색

2) 에미그란데 <허브> — 이집트 면 100%, 레이스용 코바늘 0호~모사용 코바늘 2/0호
20g, 약 88m, 18색

3) 에미그란데 <컬러> — 이집트 면 100%, 레이스용 코바늘 0호~모사용 코바늘 2/0호
10g, 약 44m, 35색

4) 금표 40번 레이스실 — 이집트 면 100%, 레이스용 코바늘 6~8호
10g · 약 89m · 48색 / 50g · 약 445m · 49색 / 100g · 약 890m · 1색(흰색)

요코타주식회사의 DARUMA

5) 레이스실 #30 아오이(葵) — 면(수피마) 100%, 레이스용 코바늘 2~4호
25g, 약 145m, 21색

주식회사 DMC의 DMC

6) CÉBÉLIA(세베리아) 10번 — 면 100%, 레이스용 코바늘 2~0호
50g, 약 270m, 39색

7) CÉBÉLIA(세베리아) 20번 — 면 100%, 레이스용 코바늘 4~2호
50g, 약 410m, 39색

8) CÉBÉLIA(세베리아) 30번 — 면 100%, 레이스용 코바늘 6~4호
50g, 약 540m, 39색

◆ 실 사진(굵기)은 실물 사이즈

*색상 수 등 제품 정보는 제품 출시 시기에 따라 달라질 수 있습니다.
*완성 사진으로 보이는 색상은 인쇄물이므로 실제 실의 색상과 다를 수 있습니다.
*실 제공 회사 정보는 p.92를 참조하십시오.

도구

레이스용 코바늘
바늘의 굵기는 호수로 나타내고 호수가 클수록 가늘어집니다. 굵은 레이스실을 사용할 때는 모사용 코바늘을 사용해도 됩니다.

돗바늘
뜨개질이 끝나고 실 처리할 때 사용합니다. 바늘 끝이 둥근 십자수용 바늘을 추천합니다.

가위
세세한 부분을 자르기 쉬운 수예용 가위를 사용하면 좋습니다.

마무리에 필요한 도구 *사용법은 p.39 참조
실크 핀, 스프레이 풀, 수건, 세면기, 블로킹용 대지, 트레이싱 페이퍼, 다리미, 다리미판

1·14 아이리시 플라워 p.7, 21

〔실〕 올림푸스
1 에미그란데 <허브> / 핑크(119)…17g,
   아이보리(732)…8g, 연두(273)·노랑(560)…각 7g,
   갈색(745)…2g
14 에미그란데 / 오프화이트(804)…38g
〔바늘〕 레이스용 코바늘 2호
〔게이지〕 한길긴뜨기 / 1단=0.8cm
〔사이즈〕 지름 26cm(정원)

〔뜨는 방법〕
1 본체를 실 끝으로 원형 고리를 만들어 뜨기 시작하고 1단은 짧은뜨기를 7코 뜬다. 2~15단은 도안과 같이 한 무늬를 7번 반복해서 뜬다.
2 ❶~㉘ 순서로 모티브를 뜨되, 각 모티브의 마지막 단에서 본체(또는 인접한 모티브)에 연결하며 뜬다.

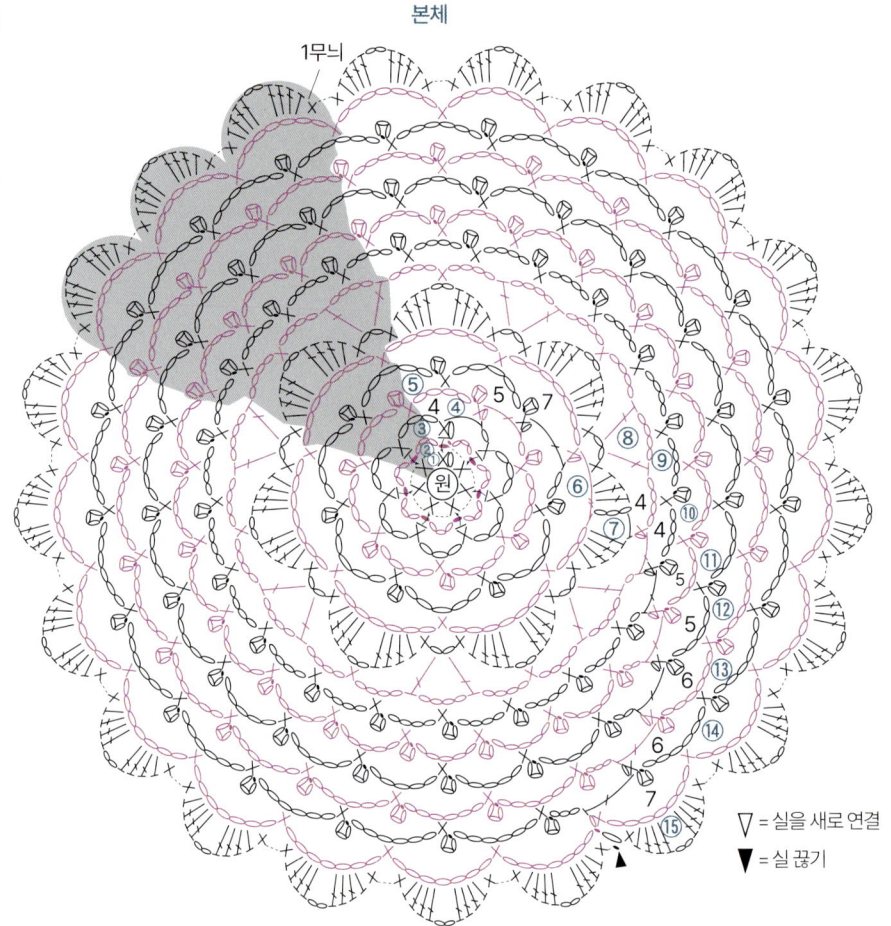

본체

▽ = 실을 새로 연결
▼ = 실 끊기

2단…1단의 짧은뜨기 머리 사슬 앞쪽 반 코를 주워 뜬다. (p.36 참조)
3단…전단을 앞으로 젖혀 놓고, 전전단의 남아 있는 뒤쪽 반 코를 주워 뜬다. (p.36 참조)

장미 모티브 7장

2단…1단의 짧은뜨기 머리 사슬 앞쪽 반 코를 주워 뜬다. (p.36 참조)
3단…전단을 앞으로 젖혀 놓고 전전단의 남아 있는 뒤쪽 반 코를 주워 뜬다. (p.36 참조)
✕ (6·8단)…전단을 앞으로 젖혀 놓고 전전단의 짧은뜨기 다리(2가닥)를 주워 뜬다. (p.36 참조)

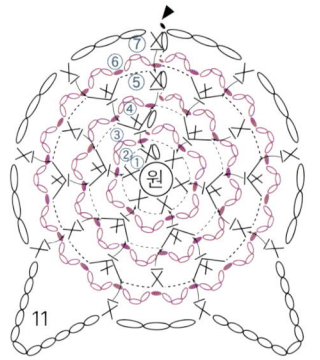

민들레 모티브 7장

2·4·6단…전단의 짧은뜨기 머리 사슬 앞쪽 반 코를 주워 뜬다. (p.36 참조)
3·5·7단…전단을 앞으로 젖혀 놓고, 전전단의 남아 있는 뒤쪽 반 코를 주워 뜬다. (p.36 참조)

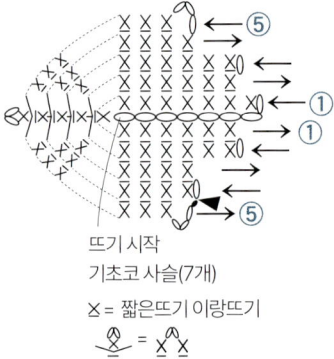

잎 모티브 14장

뜨기 시작
기초코 사슬(7개)
✕ = 짧은뜨기 이랑뜨기

1 색상표

본체		아이보리
잎 모티브		연두
민들레 모티브		노랑
장미 모티브	4~9단	핑크
	1~3단	갈색

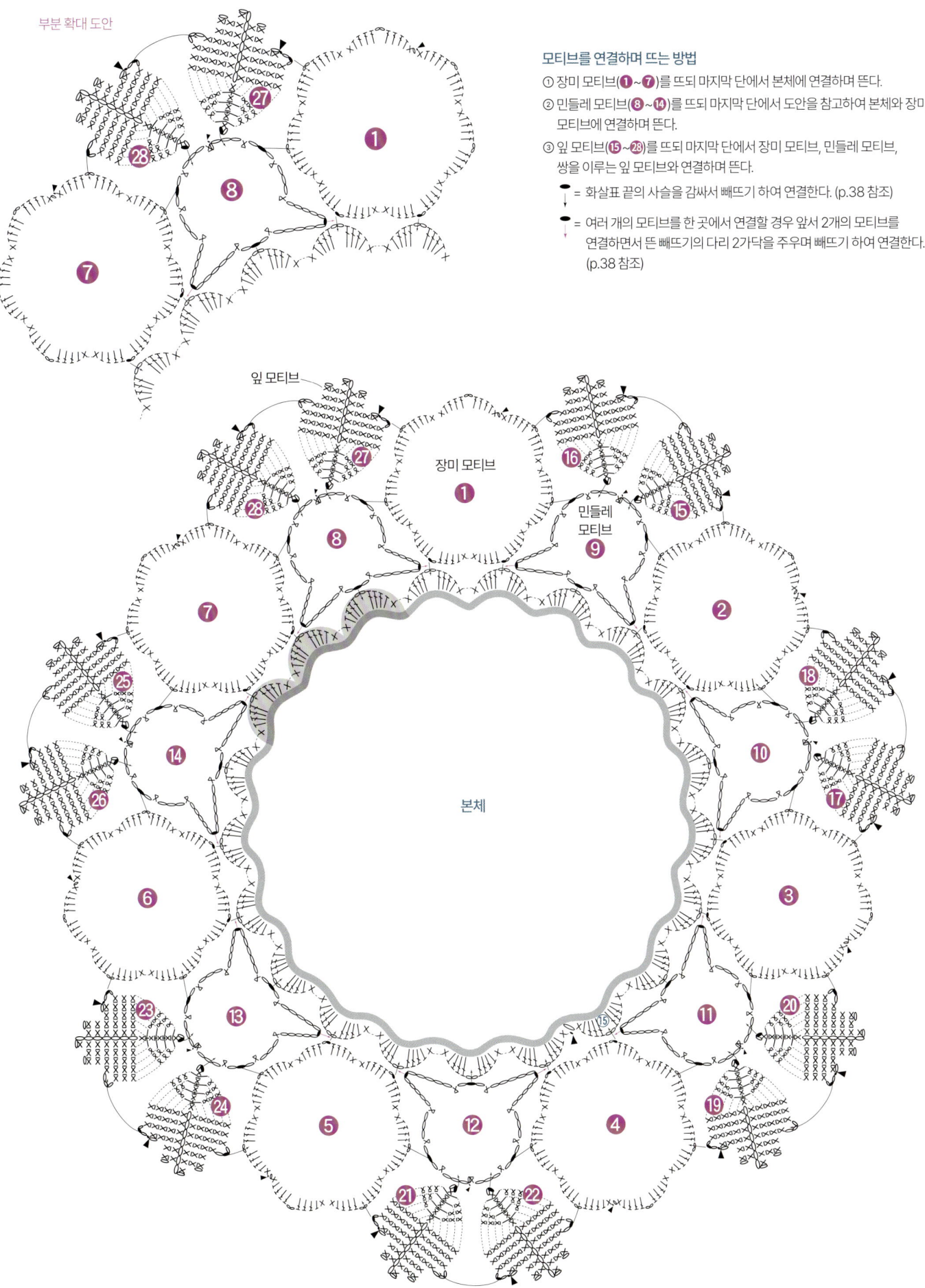

2 모란 p.8

꽃 모티브 색상표

단수	색
4단	연핑크
2·3단	핑크
1단	올리브

〔실〕DMC
세베리아 10번 / 연핑크(818)…14g, 핑크(3326)…10g,
오프화이트(3865)…5g, 올리브(3364)…3g
〔바늘〕레이스용 코바늘 2호
〔게이지〕한길긴뜨기 / 1단=0.7cm
〔사이즈〕지름 22cm(정원)

〔뜨는 방법〕

1. 꽃 모티브를 실 끝으로 원형 고리를 만들어 뜨기 시작하고 1단은 짧은뜨기 12코를 뜬다. 2~4단은 색상표를 참고하여 색을 바꿔가며 뜬다. ❶~⓬의 순서로 총 12장을 뜨되, 2번째 모티브부터는 마지막 단(4단)에서 먼저 뜬 꽃 모티브를 연결하며 뜬다.

2. 본체를 실 끝으로 원형 고리를 만들어 뜨기 시작하고 1단은 짧은뜨기 12코를 뜬다. 2~10단은 색상표를 참고하여 색을 바꿔가며 뜬다. 마지막 단(10단)에서는 먼저 떠 둔 꽃 모티브를 연결하며 뜬다.

3. 꽃 모티브 외곽을 따라가며 테두리를 3단 뜬다.

3단…전단을 앞으로 젖혀 놓고 1단의 짧은뜨기에 새 실을 연결해 뜨기 시작하고, 1단의 짧은뜨기 코를 주워 한길긴뜨기를 뜬다.

꽃 모티브와 본체 연결 방법
본체 10단…지정된 위치에서 미리 떠 둔 모티브와 연결하며 뜬다.
X = 화살표 끝의 사슬을 감싸서 짧은뜨기로 연결한다. (p.38 참조)

본체 색상표

단수	색
8~10단	오프화이트
3~5단	연핑크
2단	올리브
1·6·7단	핑크

▽ = 실을 새로 연결
▼ = 실 끊기

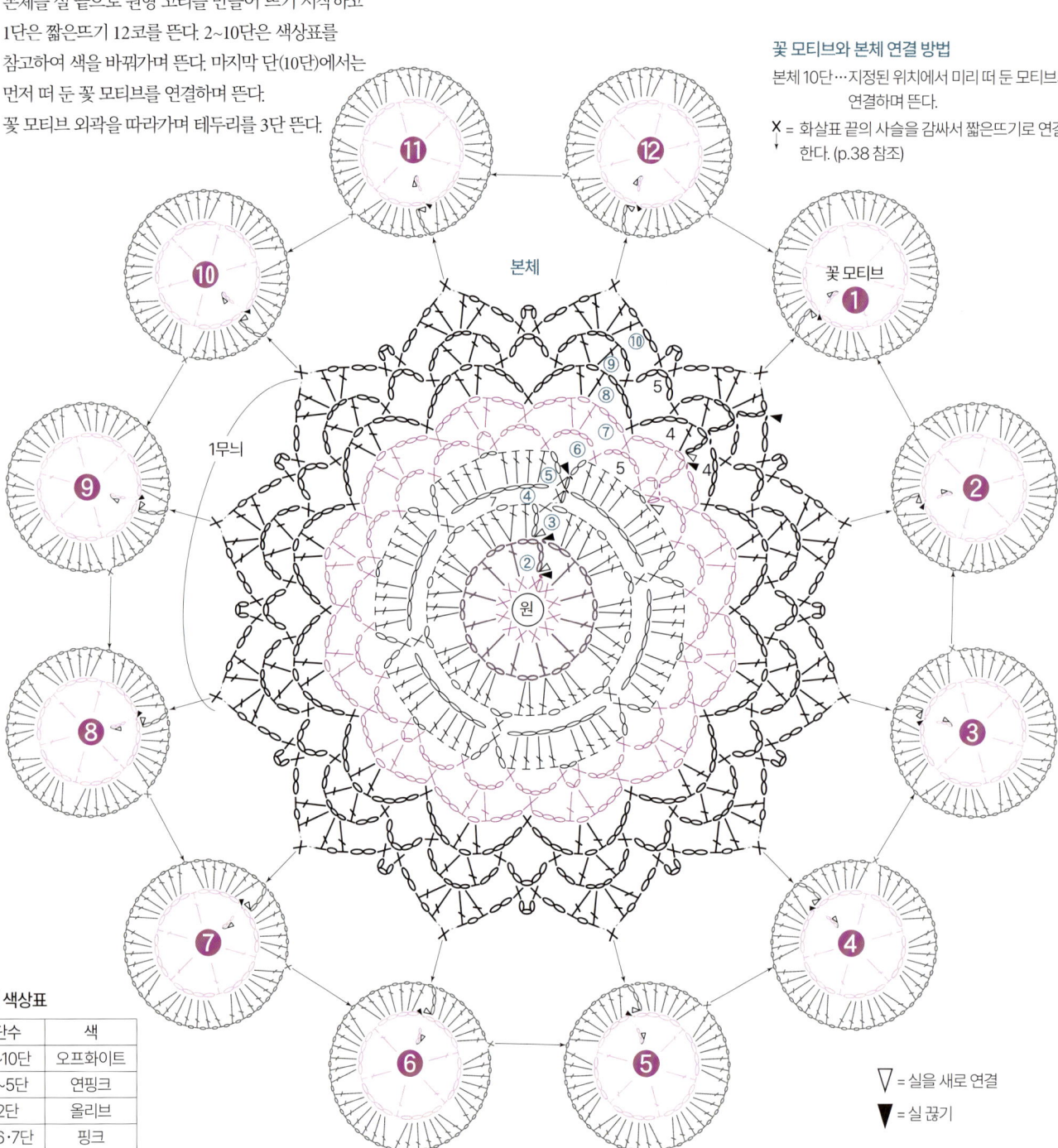

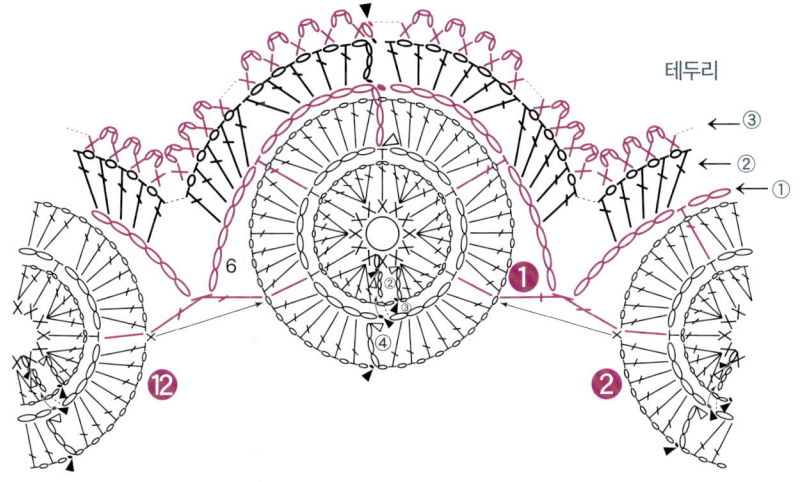

테두리

1단…꽃 모티브의 4단을 앞으로 젖혀 놓고 3단의 한길긴뜨기 코에 실을 새로 연결해 뜨기 시작하고, 3단의 한길긴뜨기 코를 주워 한길긴뜨기를 뜬다.

테두리 색상표

단수	색
3단	핑크
1·2단	연핑크

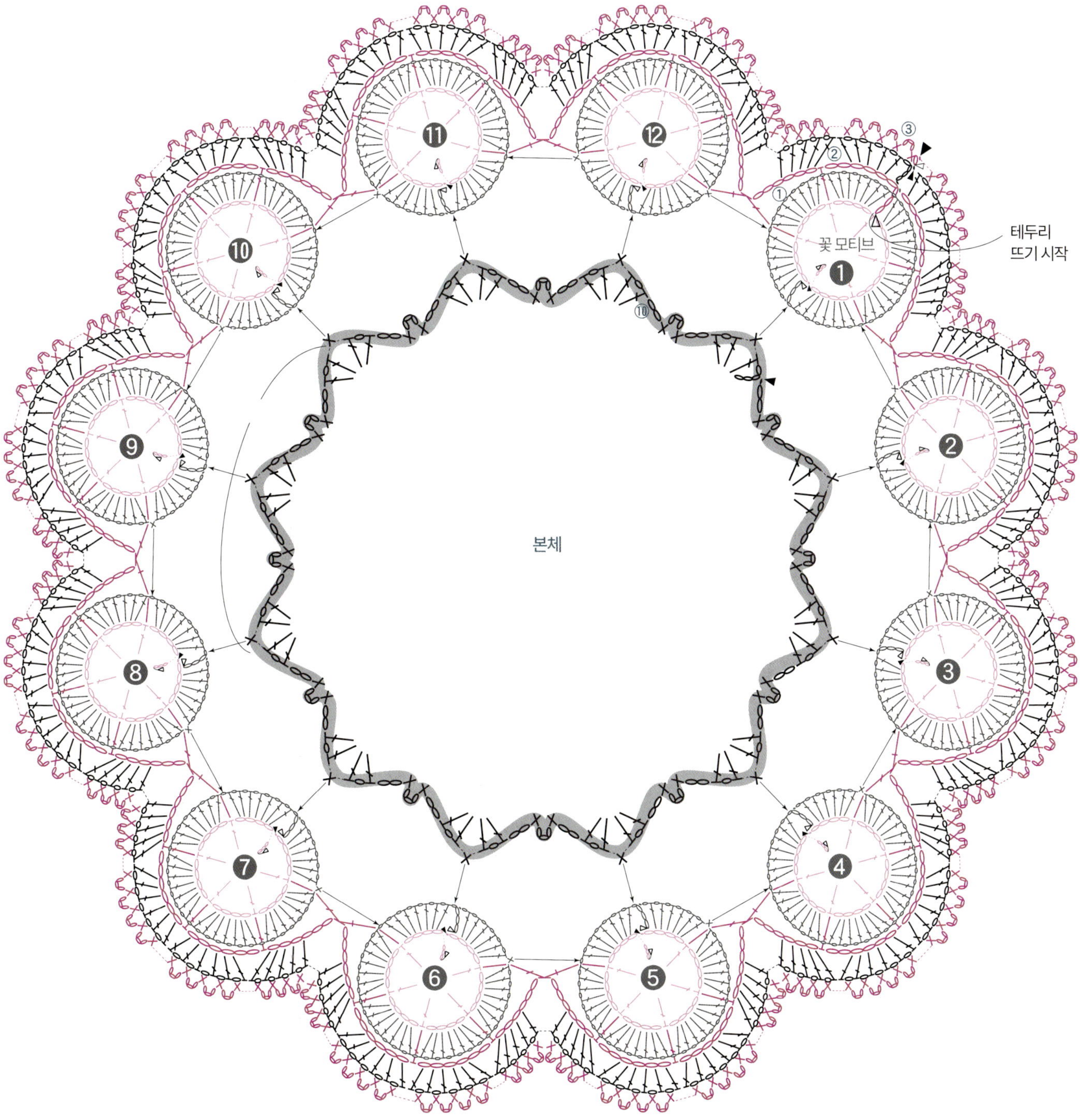

꽃 모티브

본체

테두리 뜨기 시작

3 아네모네 p.9

[실] 올림푸스
금표 40번 레이스실 / 아이보리(852)…13g, 체리(121)…7g, 연지(192)…4g, 보라(654)…2g
[바늘] 레이스용 코바늘 6호
[게이지] 한길긴뜨기 / 1단=0.5cm
[사이즈] 가로 24cm×세로 27cm

[뜨는 방법]

1. 꽃 모티브를 실 끝으로 원형 고리를 만들어 뜨기 시작하고 1단은 한길긴뜨기를 18코 뜬다. 2~8단은 색상표를 참고하여 색을 바꿔가며 뜬다. ❶~❼의 순서로 총 7장을 뜨되 2번째 모티브부터는 마지막 단(8단)에서 먼저 뜬 모티브와 연결하면서 뜬다.
2. 연결된 모티브의 외곽을 따라가며 테두리를 7단 뜬다.

모티브 색상표

단수	A	B	C
8단	아이보리		
5~7단	아이보리	연지	체리
4단	체리	아이보리	아이보리
2단	체리	아이보리	연지
1·3단	보라		

본체 (모티브 연결)

27cm × 24cm, 꽃 모티브 7cm, 테두리 3cm 7단 (스트라이프 무늬 도안 참조)

꽃 모티브 뜨는 방법과 연결 방법

- 2단…짧은뜨기는 1단의 한길긴뜨기 사이에 뜬다.
- 8단…지정된 위치에서 미리 떠 둔 모티브와 연결하며 뜬다.
- ✗ = 화살표 끝의 사슬을 감싸서 짧은뜨기로 연결한다. (p.38 참조)
- ✗ = 여러 개의 모티브를 한 곳에서 연결할 경우 앞서 2개의 모티브를 연결하면서 뜬 짧은뜨기의 다리 2가닥을 주우며 짧은뜨기 하여 연결한다. (p.38 참조)

테두리 색상표

단수	색
3단	연지
2·7단	체리
1·4단~6단	아이보리

◆ = 한길긴뜨기 3코 구슬뜨기 (사슬을 감싸서 뜨기)

4 마리골드 p.10

[실] DMC
세베리아 10번 / 라이트 베이지(712)…10g, 라이트 오렌지(741)…6g, 오렌지(946)·올리브(3364)…각 4g, 황금색(743)…2g
[바늘] 레이스용 코바늘 2호
[게이지] 한길긴뜨기 / 1단=0.8cm
[사이즈] 지름 25cm(정원)

[뜨는 방법]

1. 꽃 모티브를 실 끝으로 원형 고리를 만들어 뜨기 시작하고, 1단은 짧은뜨기 8코를 뜬다. 2~5단은 색상표를 참고하여 색을 바꿔가며 뜬다. 총 8장을 뜬다.
2. 본체는 사슬 8개를 뜨고 첫 번째 사슬에 빼뜨기하여 원형 기초코를 만들어 뜨기 시작하고, 1단은 짧은뜨기 16코를 뜬다. 9~16단은 왕복뜨기로 ❶~❽을 각각 뜨되, ❶은 8단에서 이어서 뜨고, ❷~❽은 지정된 위치에 실을 새로 연결해 뜬다.
3. 본체의 지정한 위치에 실을 새로 연결하고 본체 외곽을 따라가며 테두리 1단을 뜨되 먼저 뜬 꽃 모티브를 연결하며 뜬다.

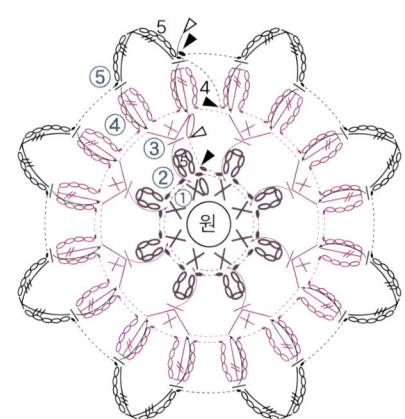

꽃 모티브 8장

꽃 모티브 색상표

단수	색
5단	오렌지
3·4단	라이트 오렌지
1·2단	황금색

2단…1단의 짧은뜨기 머리 사슬 앞쪽 반 코를 주워 뜬다. (p.36 참조)
3단…전단을 앞으로 젖혀 놓고 1단의 짧은뜨기 머리 사슬 남은 반 코를 주워 뜬다. (p.36 참조)
4단…3단의 짧은뜨기 머리 앞쪽 반 코를 주워 뜬다. (p.36 참조)
5단…전단을 앞으로 젖혀 놓고 3단의 짧은뜨기 머리 사슬 남은 반 코를 주워 뜬다. (p.36 참조)

 = 세길긴뜨기 줄기뜨기 2코 모아뜨기

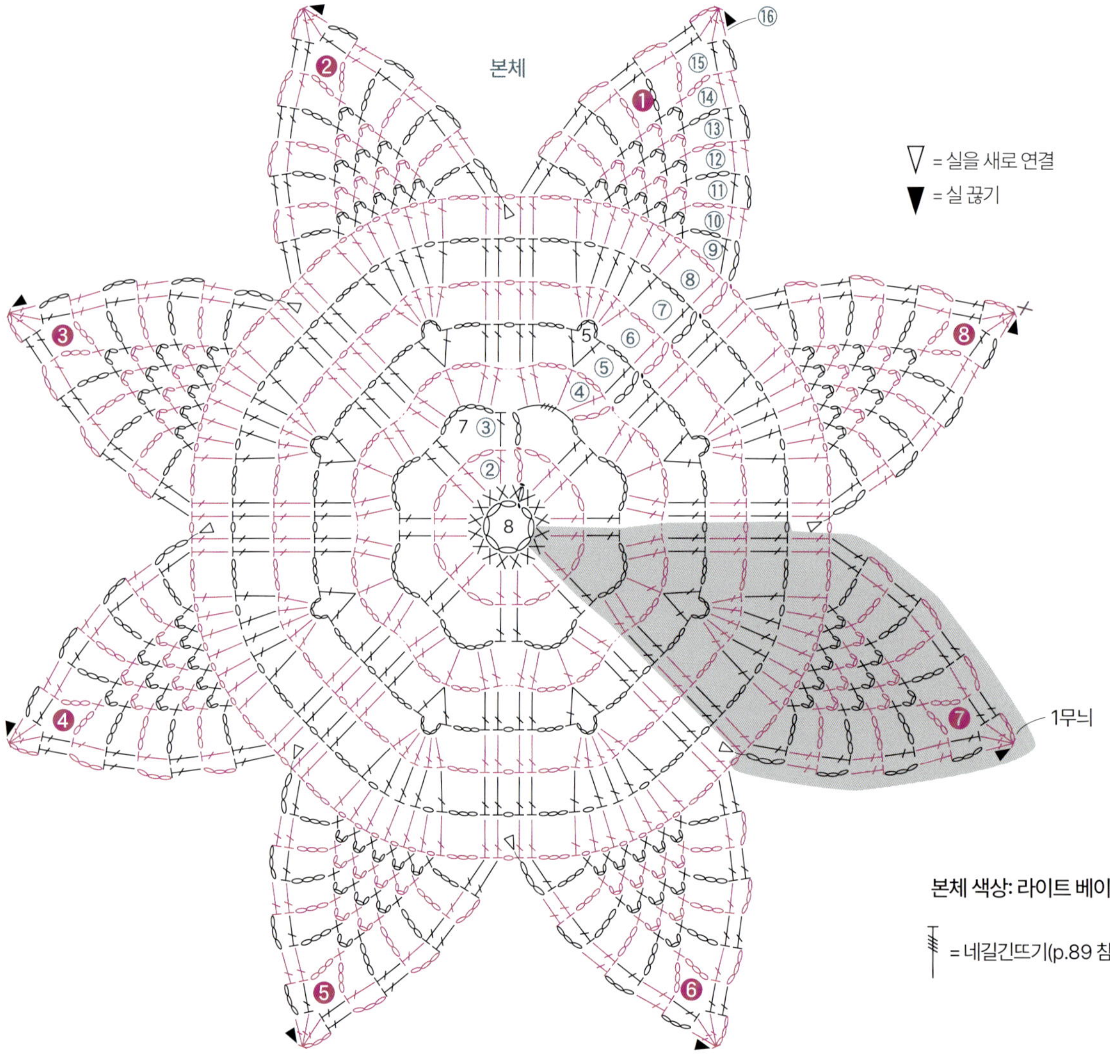

본체

▽ = 실을 새로 연결
▼ = 실 끊기

본체 색상: 라이트 베이지

= 네길긴뜨기(p.89 참조)

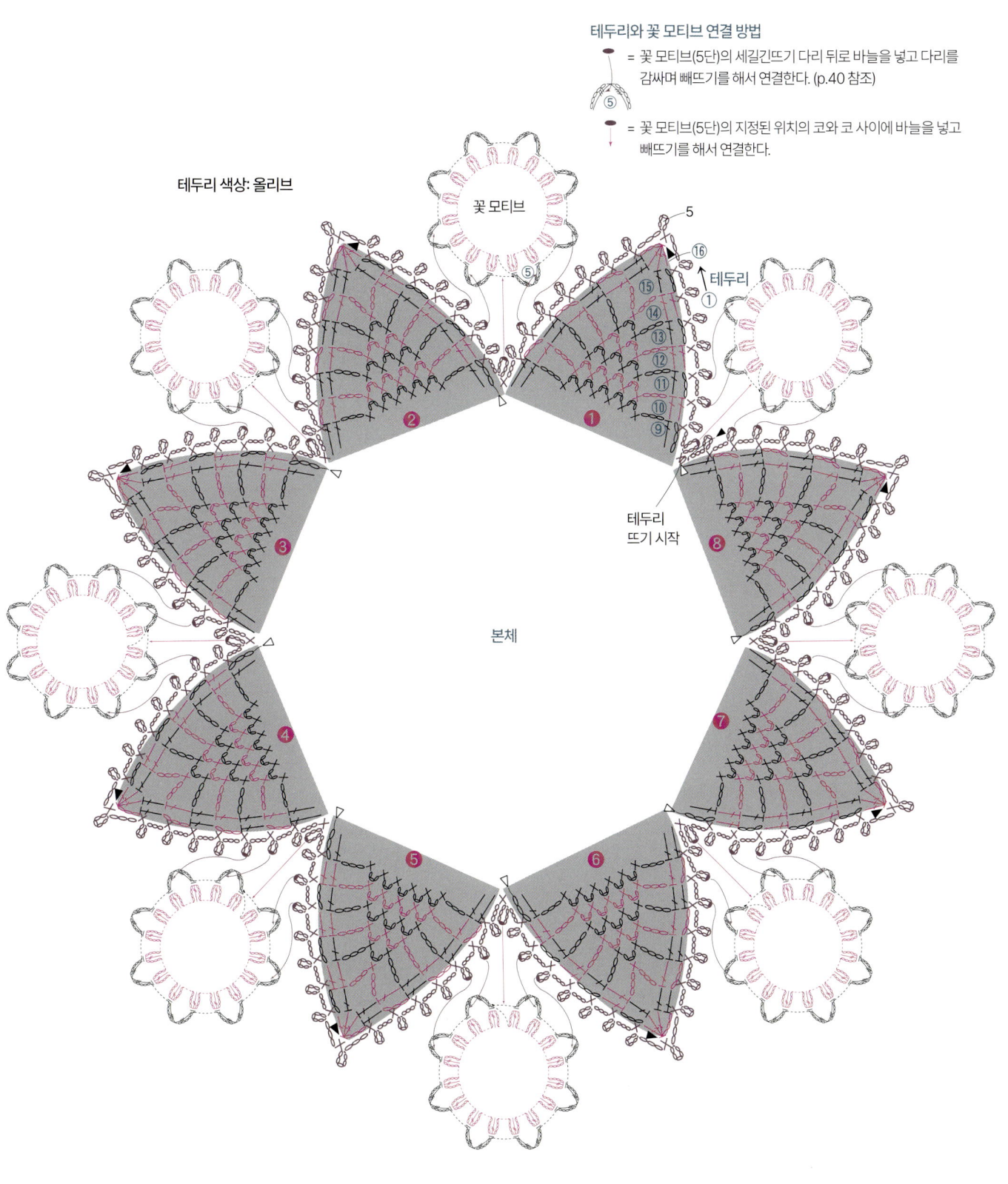

5 수국 p.11

[실] DMC
세베리아 10번 / 올리브(3364)…17g, 오프화이트(3865)…9g, 라벤더(211)…6g, 파랑(799)·하늘색(800)…각 4g
[바늘] 레이스용 코바늘 2호
[게이지] 한길긴뜨기 / 1단=0.8cm
[사이즈] 가로 31cm×세로 21cm(타원)

[뜨는 방법]

1. 본체는 사슬 33개로 기초코를 만들어 뜨기 시작하고, 기초코 사슬을 돌면서 코를 주워 1단을 뜬다. 2~19단은 도안을 참고해 뜬다.
2. 꽃 모티브를 실 끝으로 원형 고리를 만들어 뜨기 시작하고, 도안을 참고해 색을 바꾸면서 뜬다. 2번째 모티브부터는 마지막 단(3단)에서 인접하는 꽃 모티브와 연결하며 뜬다. 총 20장을 뜨되 A와 B의 배색을 번갈아가며 뜬다.
3. 연결된 꽃 모티브를 본체의 지정된 위치에 붙인다.

★= p.52, 53의 ★ 선끼리 붙여서 도안을 봐 주세요.
(이해를 돕기 위해 선 안쪽은 중복으로 표시된 부분이 있습니다.)

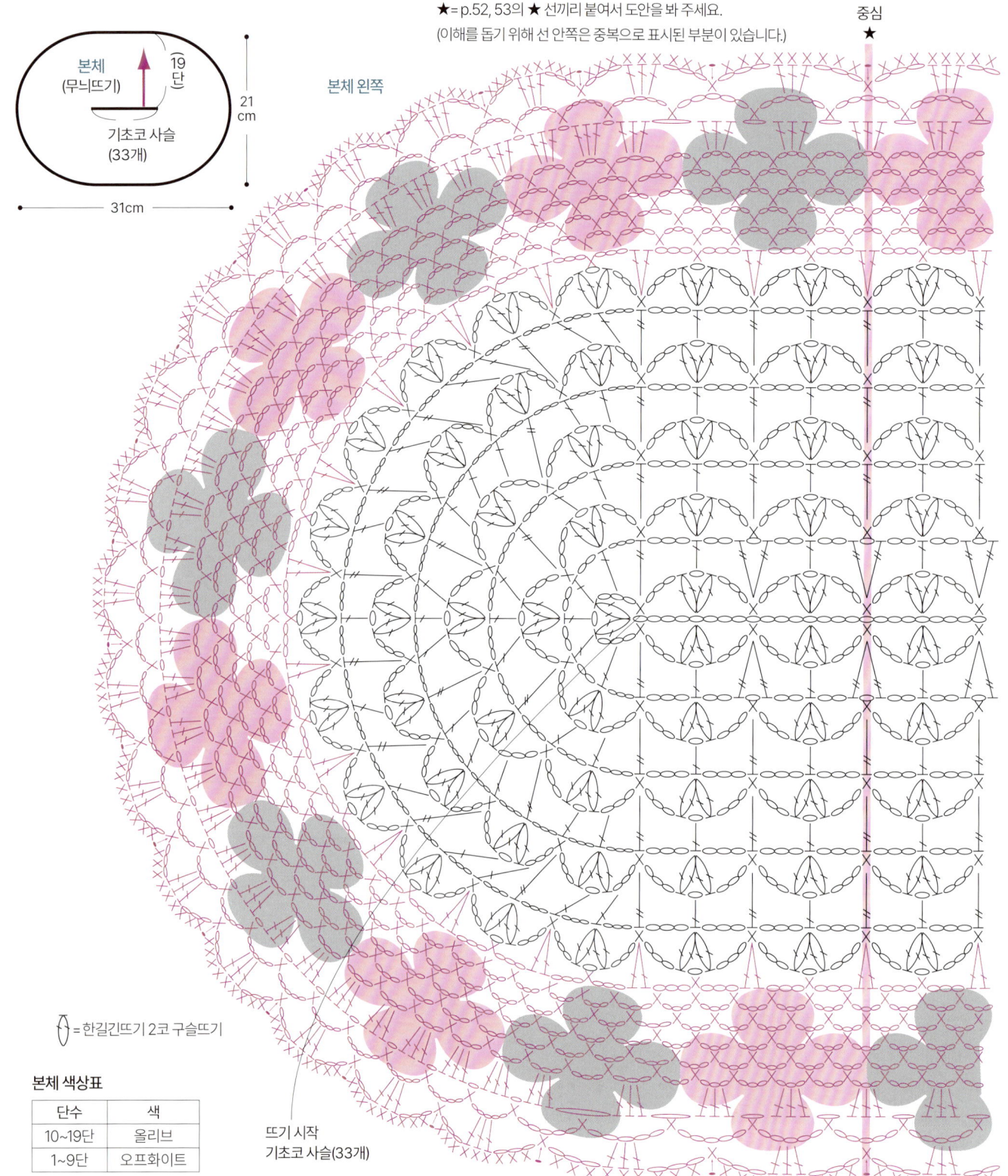

= 한길긴뜨기 2코 구슬뜨기

본체 색상표

단수	색
10~19단	올리브
1~9단	오프화이트

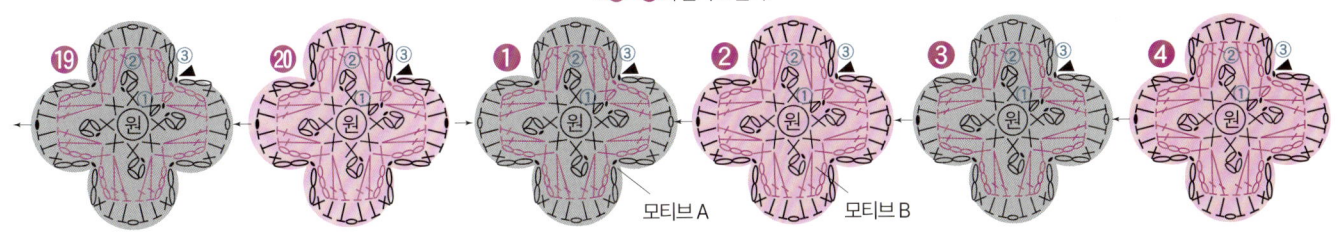

꽃 모티브 20장
※ ❶~⓴의 순서로 뜬다.

모티브 A 모티브 B

꽃 모티브 연결 방법
3단…지정된 위치에서 미리 떠 둔 모티브와 연결하며 뜬다.
● = 화살표 끝의 사슬을 감싸서 빼뜨기 하여 연결한다. (p.38 참조)

꽃 모티브 색상표

단수	A 10장	B 10장
3단	파랑	하늘색
2단	라벤더	
1단	올리브	

중심 ★

본체 오른쪽

▽ = 실을 새로 연결
▼ = 실 끊기

모티브 A 붙이는 위치
모티브 B 붙이는 위치

6·7 아이리시 로즈 p.12, 13

〔실〕DMC
6 세베리아 30번 / 와인 레드(816)·오프화이트(3865)···각 12g, 올리브(3364)···5g
7 세베리아 30번 / 황금색(743)·오프화이트(3865)···각 12g, 진한 녹색(699)···5g
〔바늘〕레이스용 코바늘 8호
〔게이지〕한길긴뜨기 / 1단=0.4cm
〔사이즈〕지름 25.5cm(정원)

〔뜨는 방법〕
1 중심 모티브(꽃 3장+잎 3장)를 ❶~❻의 순서로 뜬다. 모티브 ❹부터는 마지막 단(8단)에서 인접하는 잎 모티브와 연결하면서 뜬다.
2 외곽 모티브(꽃 12장+잎 12장)를 ❶~㉔의 순서로 뜬다. 모티브 ⑬부터는 마지막 단(8단)에서 인접하는 잎 모티브와 연결하면서 뜬다.
3 외곽 모티브 ⑬의 지정된 위치에 실을 새로 연결하여 본체 바깥 둘레를 뜬다. 표시된 곳에서 모티브와 연결하며 1단을 뜨고, 2단까지 뜬 후 실을 끊는다.
4 중심 모티브 ❹의 지정된 위치에 실을 새로 연결하여 본체 안쪽 둘레를 뜬다. 표시된 곳에서 모티브와 연결하며 1단을 뜬다. 총 14단을 뜨고, 15단에서는 3에서 뜬 바깥 둘레 2단과 연결하며 뜬다.
5 외곽 모티브 ㉔의 지정된 위치에 실을 새로 연결하여 본체 안쪽 둘레를 뜬다. 표시된 곳에서 모티브와 연결하며 3단을 뜬다. 9단까지 뜬다.

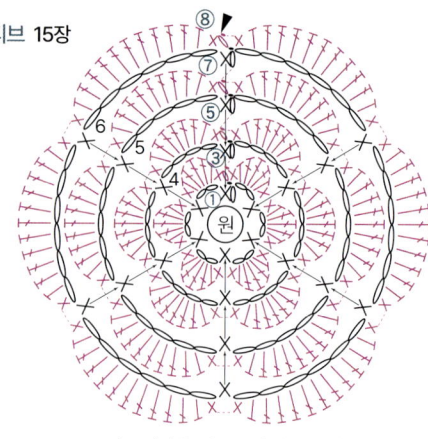

꽃 모티브 15장

3·5·7단···전단을 앞으로 젖혀 놓고 전전단의 머리 사슬을 주워 뜬다.

잎 모티브 15장

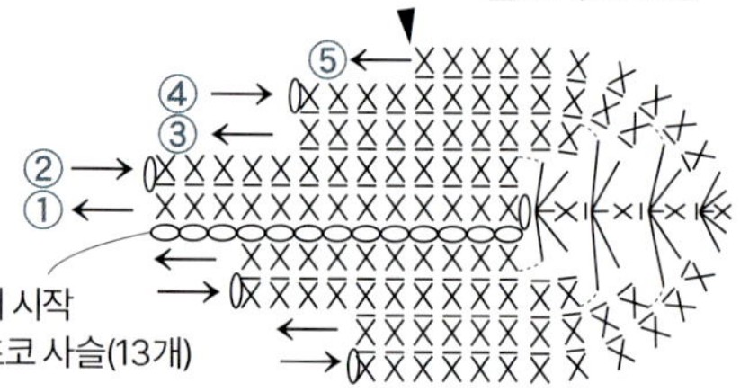

뜨기 시작 기초코 사슬(13개)

× = 짧은뜨기 이랑뜨기
❉ = ×××××

● 본체 안쪽 둘레와 중심 모티브 연결 방법
꽃 모티브(8단) / 안쪽 둘레(1단) = 화살표 끝에 있는 코의 다리 2가닥을 주워 뜬다. (p.36 참조)
잎 모티브(3단) / 안쪽 둘레(1단) = 화살표 끝에 있는 짧은뜨기 머리 사슬 남은 한 가닥을 주워 뜬다.

본체 안쪽 둘레 (총 15단 중 1~11단)

▽ = 실을 새로 연결
▼ = 실 끊기

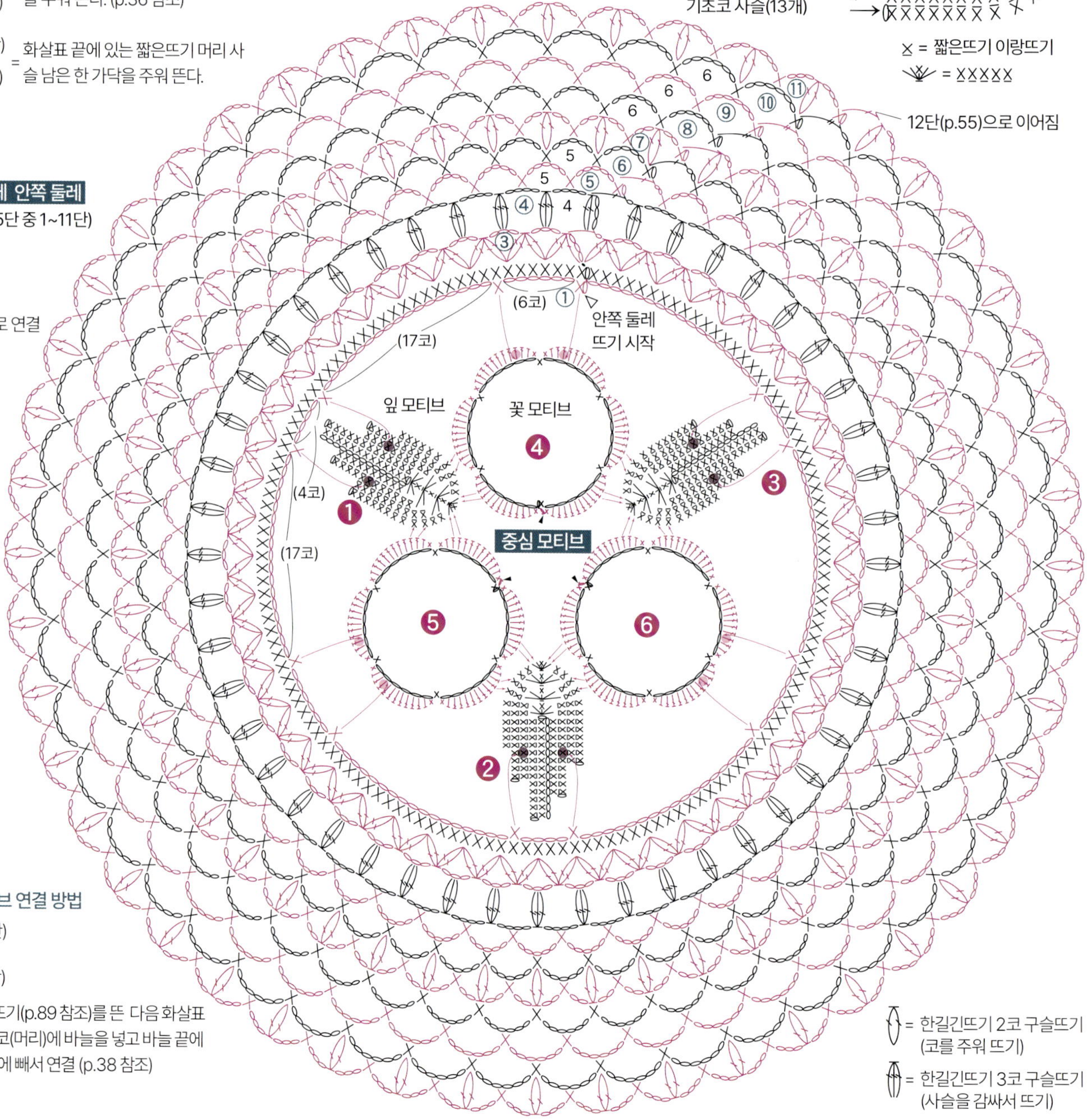

12단(p.55)으로 이어짐

● 꽃과 잎 모티브 연결 방법
× 잎 모티브(5단)
ǂ 꽃 모티브(8단)
= 미완성 한길긴뜨기(p.89 참조)를 뜬 다음 화살표 끝의 짧은 코(머리)에 바늘을 넣고 바늘 끝에 실을 걸어 한 번에 빼서 연결 (p.38 참조)

⬭ = 한길긴뜨기 2코 구슬뜨기 (코를 주워 뜨기)
⬮ = 한길긴뜨기 3코 구슬뜨기 (사슬을 감싸서 뜨기)

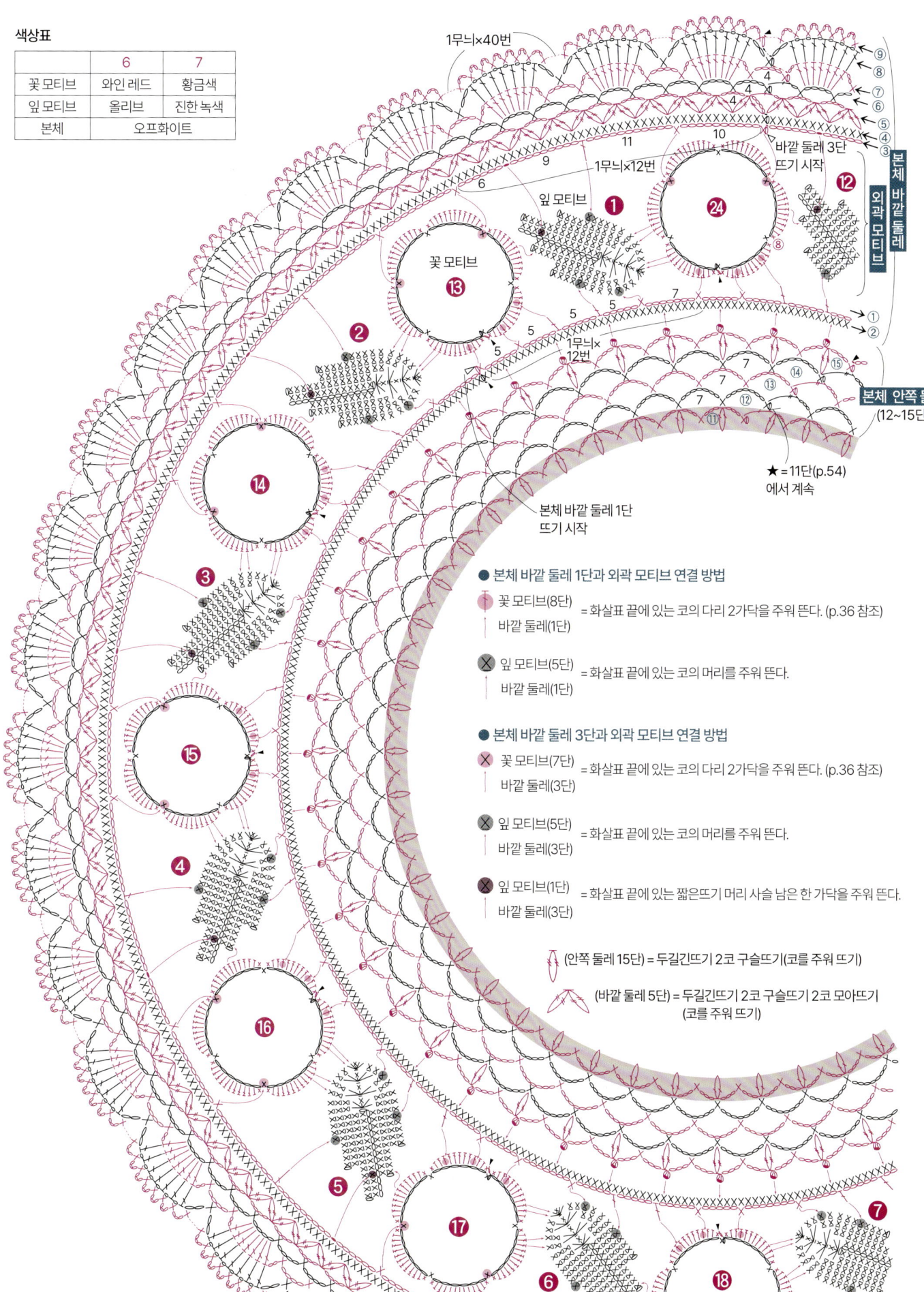

8 물망초 p.14

〔실〕 DMC
세베리아 10번 / 라이트 베이지((712)…14g,
파랑(799)…9g, 연두(989)…4g
〔바늘〕 레이스용 코바늘 2호
〔게이지〕 한길긴뜨기 / 1단=0.8cm
〔사이즈〕 지름 29cm(정원)

〔뜨는 방법〕

1. 「연속 꽃 모티브 뜨는 방법」을 참고해 꽃 모티브를 뜬다.
2. 연속 꽃 모티브 외곽을 따라가며 테두리를 1단 뜬다.
3. 본체는 사슬 6개를 뜨고 첫 번째 사슬에 빼뜨기하여 원형 기초코를 만든 다음 1단은 짧은뜨기 8코를 뜬다. 2~12단은 한 무늬를 8번 반복하여 뜨고, 12단은 먼저 떠 둔 연속 꽃 모티브를 지정된 위치에서 연결하면서 뜬다.

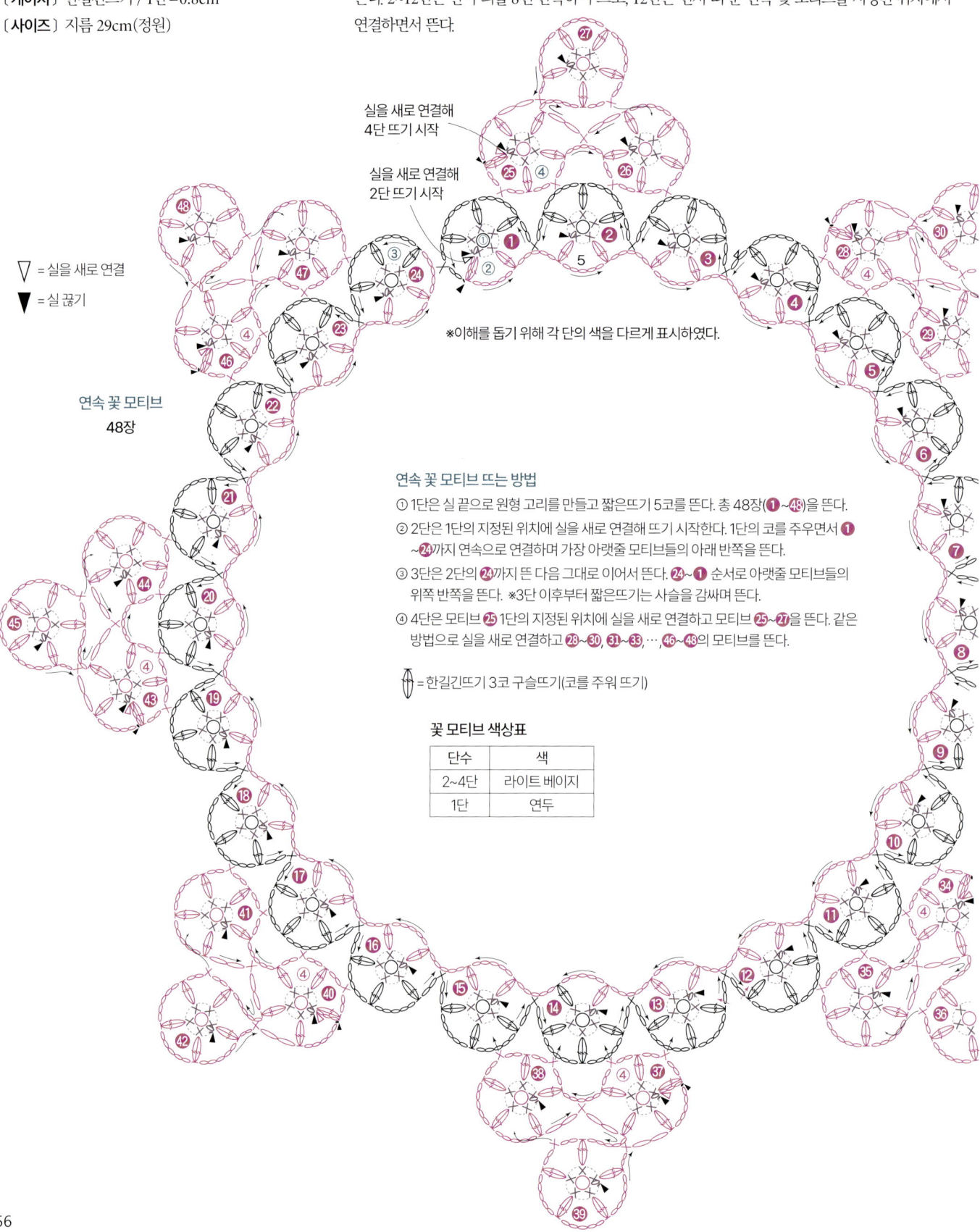

연속 꽃 모티브 뜨는 방법

① 1단은 실 끝으로 원형 고리를 만들고 짧은뜨기 5코를 뜬다. 총 48장(❶~㊽)을 뜬다.
② 2단은 1단의 지정된 위치에 실을 새로 연결해 뜨기 시작한다. 1단의 코를 주우면서 ❶~㉔까지 연속으로 연결하며 가장 아랫줄 모티브들의 아래 반쪽을 뜬다.
③ 3단은 2단의 ㉔까지 뜬 다음 그대로 이어서 뜬다. ㉔~❶ 순서로 아랫줄 모티브들의 위쪽 반쪽을 뜬다. ※3단 이후부터 짧은뜨기는 사슬을 감싸며 뜬다.
④ 4단은 모티브 ㉕ 1단의 지정된 위치에 실을 새로 연결하고 모티브 ㉕~㉗을 뜬다. 같은 방법으로 실을 새로 연결하고 ㉘~㉚, ㉛~㉝, … ㊻~㊽의 모티브를 뜬다.

= 한길긴뜨기 3코 구슬뜨기(코를 주워 뜨기)

꽃 모티브 색상표

단수	색
2~4단	라이트 베이지
1단	연두

▽ = 실을 새로 연결
▼ = 실 끊기

연속 꽃 모티브
48장

본체 뜨는 방법

9단…시작 부분의 첫 번째 한길긴뜨기는 짧은뜨기 다리를 주워 뜬다. (p.40 참조)
10단…빼뜨기는 9단의 사슬 뒤쪽 반 코와 뒷산(총 2가닥)을 주워 뜬다. (p.40 참조)
11단…짧은뜨기는 10단의 사슬 뒤쪽 반 코와 뒷산(총 2가닥)을 주워 뜬다.
12단…표시된 곳에서 연속 꽃 모티브와 연결하며 뜬다.

↓ (12단) = 화살표 끝의 사슬(모티브)을 감싸서 짧은뜨기를 뜬다. (p.38 참조)

본체 색상표

단수	색
3·6·7·9~11단	라이트 베이지
2·5·8·12단	파랑
1·4단	연두

테두리 뜨는 방법   색상: 파랑

1단…연속 꽃 모티브의 지정된 위치에 실을 연결하여 뜬다.

= 한길긴뜨기 2코 구슬뜨기는 짧은뜨기의 다리를 옆에서 감싸서 뜬다.

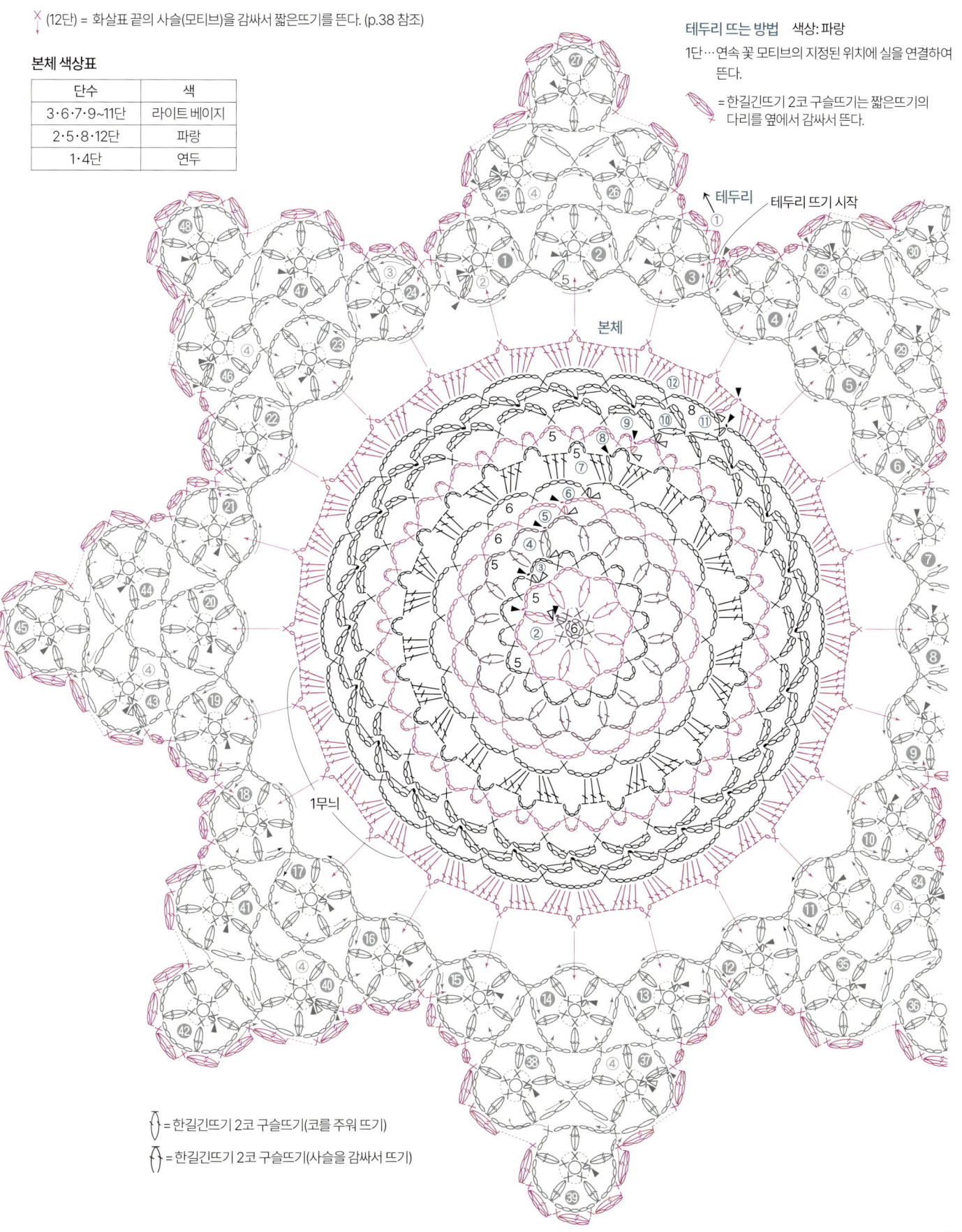

= 한길긴뜨기 2코 구슬뜨기(코를 주워 뜨기)
= 한길긴뜨기 2코 구슬뜨기(사슬을 감싸서 뜨기)

9 프리뮬러 p.15

〔실〕 올림푸스
에미그란데 / 페일 그린(251)…14g, 연노랑(520)·오프화이트(804)…각 4g
에미그란데 〈컬러〉 / 녹색(265)…10g, 연한 민트 그린(244)…5g, 진한 핑크(127)…3g, 보라(675)…2g
에미그란데 〈허브〉 / 겨자색(582)…1g
〔바늘〕 레이스용 코바늘 2호
〔게이지〕 한길긴뜨기 / 1단=0.7cm
〔사이즈〕 26cm×26cm(사각)

〔뜨는 방법〕
1. 실 끝으로 원형 고리를 만들어 본체를 뜨기 시작하고 1단은 짧은뜨기 8코를 뜬다. 2~14단은 도안을 참조하여 뜬다.
2. 실 끝으로 원형 고리를 만들어 꽃 모티브를 뜨되 각 모티브는 4단을 뜨면서 본체 또는 인접한 꽃 모티브와 연결하며 뜬다. (「꽃 모티브 뜨는 방법」과 「꽃 모티브 연결 방법」 참조)
3. 도안을 참조하여 잎 모티브 A·B를 필요한 개수만큼 뜬다.
4. 「정리 방법」을 참조하여 정리한다.

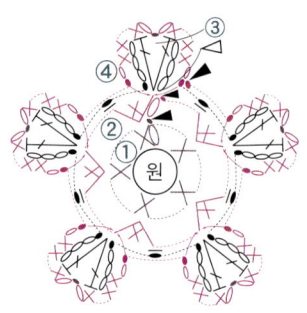

꽃 모티브
a·b·c·d·e 각 4장

꽃 모티브 뜨는 방법
- (3단)= 2단의 짧은뜨기 앞쪽 반 코를 주워 뜬다. (p.36 참조)
- (4단)= 3단의 한길긴뜨기 사이에 바늘을 넣어 뜬다.

꽃 모티브 색상표

단수	a	b	c	d	e
4단	오프화이트	보라	진한 핑크	진한 핑크	연노랑
3단				오프화이트	
2단	겨자색	연노랑			겨자색
1단	연한 민트 그린				

본체 색상: 페일 그린

중심

= 세길긴뜨기 (p.89 참조)
▽ = 실을 새로 연결
▼ = 실 끊기

잎 모티브 A 20장
색상: 녹색

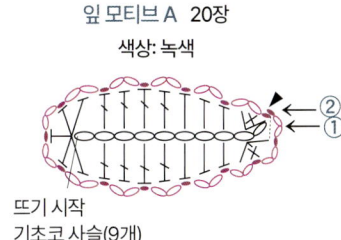

뜨기 시작
기초코 사슬(9개)

잎 모티브 A 12장
색상: 연한 민트 그린

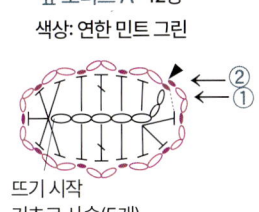

뜨기 시작
기초코 사슬(5개)

꽃 모티브 연결 방법

모티브를 ❶~❺의 순으로 뜨되 각 모티브 4단에서 도안을 참고해 인접한 모티브 또는 본체에 연결하면서 뜬다.

✕ = 화살표 끝의 코(머리 사슬)를 주워 짧은뜨기로 연결한다.
   (p.38 참조)

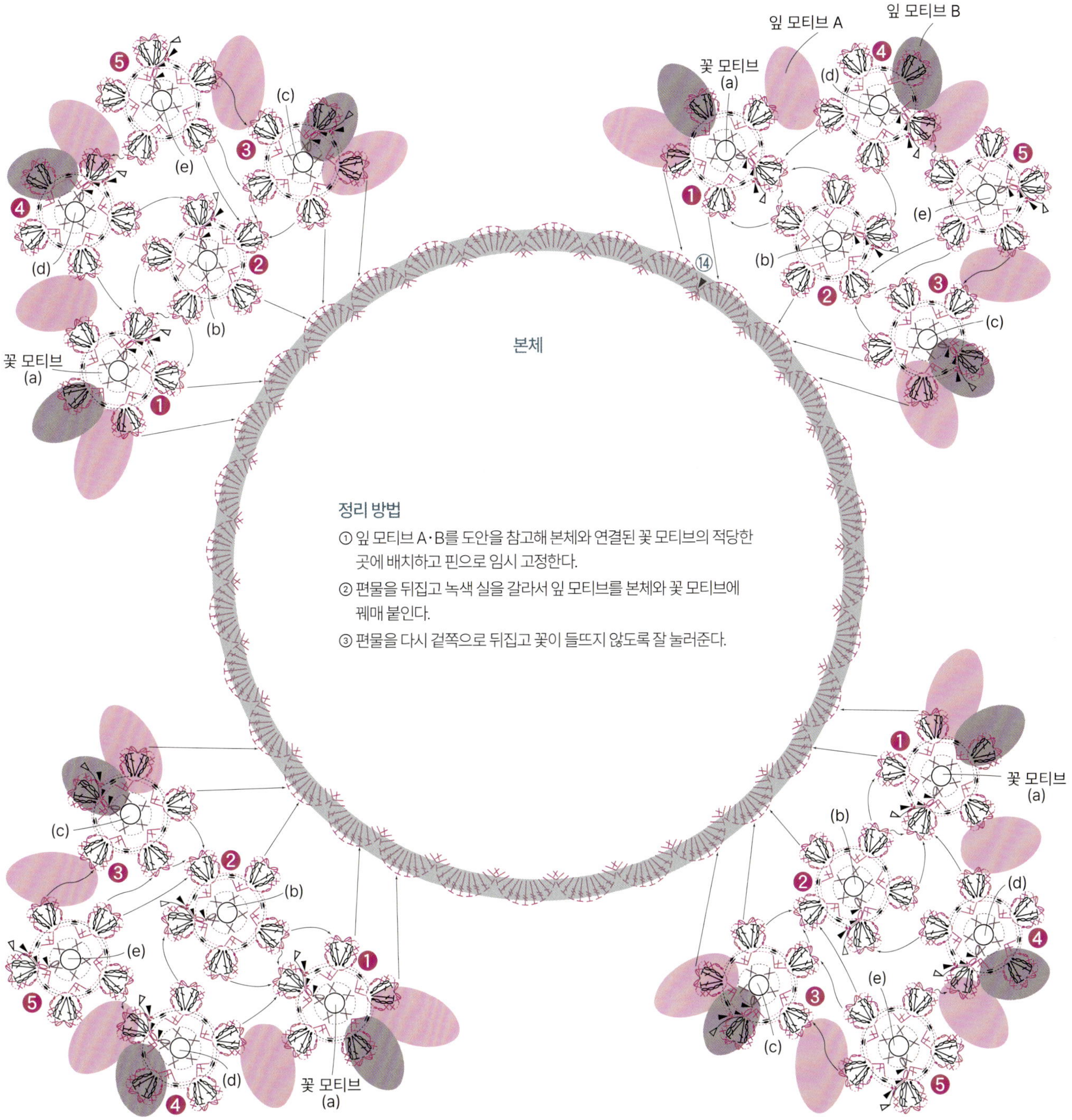

정리 방법

① 잎 모티브 A·B를 도안을 참고해 본체와 연결된 꽃 모티브의 적당한 곳에 배치하고 핀으로 임시 고정한다.
② 편물을 뒤집고 녹색 실을 갈라서 잎 모티브를 본체와 꽃 모티브에 꿰매 붙인다.
③ 편물을 다시 겉쪽으로 뒤집고 꽃이 들뜨지 않도록 잘 눌러준다.

10·11 마거리트 p.16, 17

〔실〕 DMC
10 세베리아 20번 / 미색(ECRU)⋯20g,
　　아이보리(BLANC)⋯14g
11 세베리아 20번 / 흰색(B5200)⋯16g, 파랑
　　(797)⋯14g, 노랑(726)⋯5g
〔바늘〕 레이스용 코바늘 6호
〔게이지〕 한길긴뜨기 / 1단=0.4cm
〔사이즈〕 지름 25cm(정원)

〔뜨는 방법〕

1　「꽃 모티브 뜨는 방법」을 참조해 꽃받침 → 꽃중심 → 꽃잎 순으로 꽃 모티브를 12장 뜬다.
2　본체는 실 끝으로 원형 고리를 만들어 뜨기 시작하고, 1단은 짧은뜨기 6코를 뜬다. 2~18단은 도안을 참조해 한 무늬를 12번 반복해 뜬다.
3　본체의 19·20단은 먼저 떠 둔 꽃 모티브를 연결하며 뜬다. 도안을 참조해 21~23단을 뜬다.

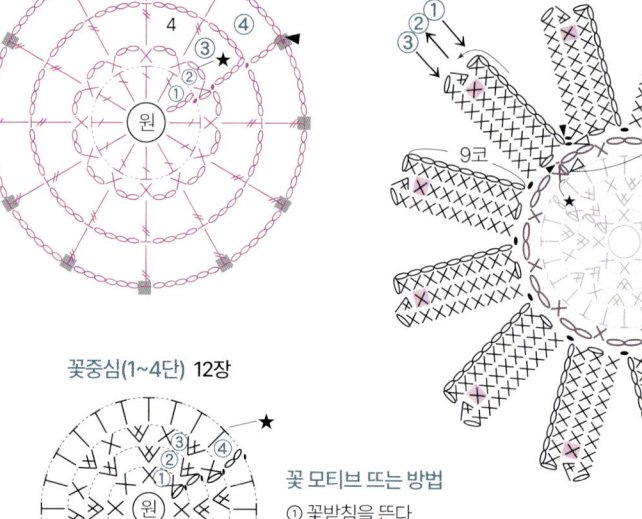

꽃받침 12장
꽃잎 12장
꽃중심(5단)
꽃중심의 4단과 꽃받침의 2단을 겹쳐놓고 뜨개질 (p.41 참조) 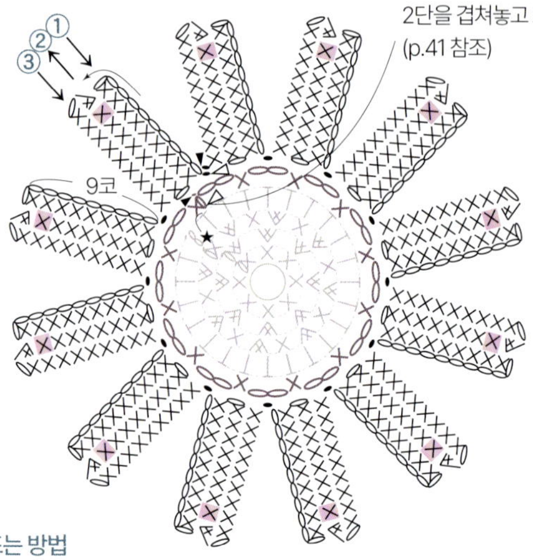
꽃중심(1~4단) 12장

꽃 모티브 뜨는 방법
① 꽃받침을 뜬다.
② 꽃중심을 4단까지 뜨고 편물을 뒤집어 꽃받침 위에 겹쳐 올린다. 꽃중심 4단의 코(★)에 실을 새로 연결하여 5단을 뜨기 시작하고, 짧은뜨기는 4단의 코와 꽃받침 2단의 사슬을 감싸며 함께 주워 뜬다. (p.41 참조)
③ 꽃잎은 꽃중심 5단의 사슬에 실을 새로 연결해 뜨기 시작하고, 2·3단은 전단의 앞쪽 반 코를 주워 뜬다. 이때 꽃잎 2단의 ■ 표시를 한 코는 바늘을 뺐다가 꽃받침 편물 뒤쪽에서 꽃받침의 한길긴뜨기 코(■)에 바늘을 넣고 바늘을 뺐던 꽃잎 편물의 고리에 바늘을 다시 끼운 다음 뜬다. (p.41 참조)

꽃 모티브 색상표

	10	11
꽃잎	아이보리	흰색
꽃받침	미색	파랑
꽃중심	미색	노랑

본체 (1~18단)

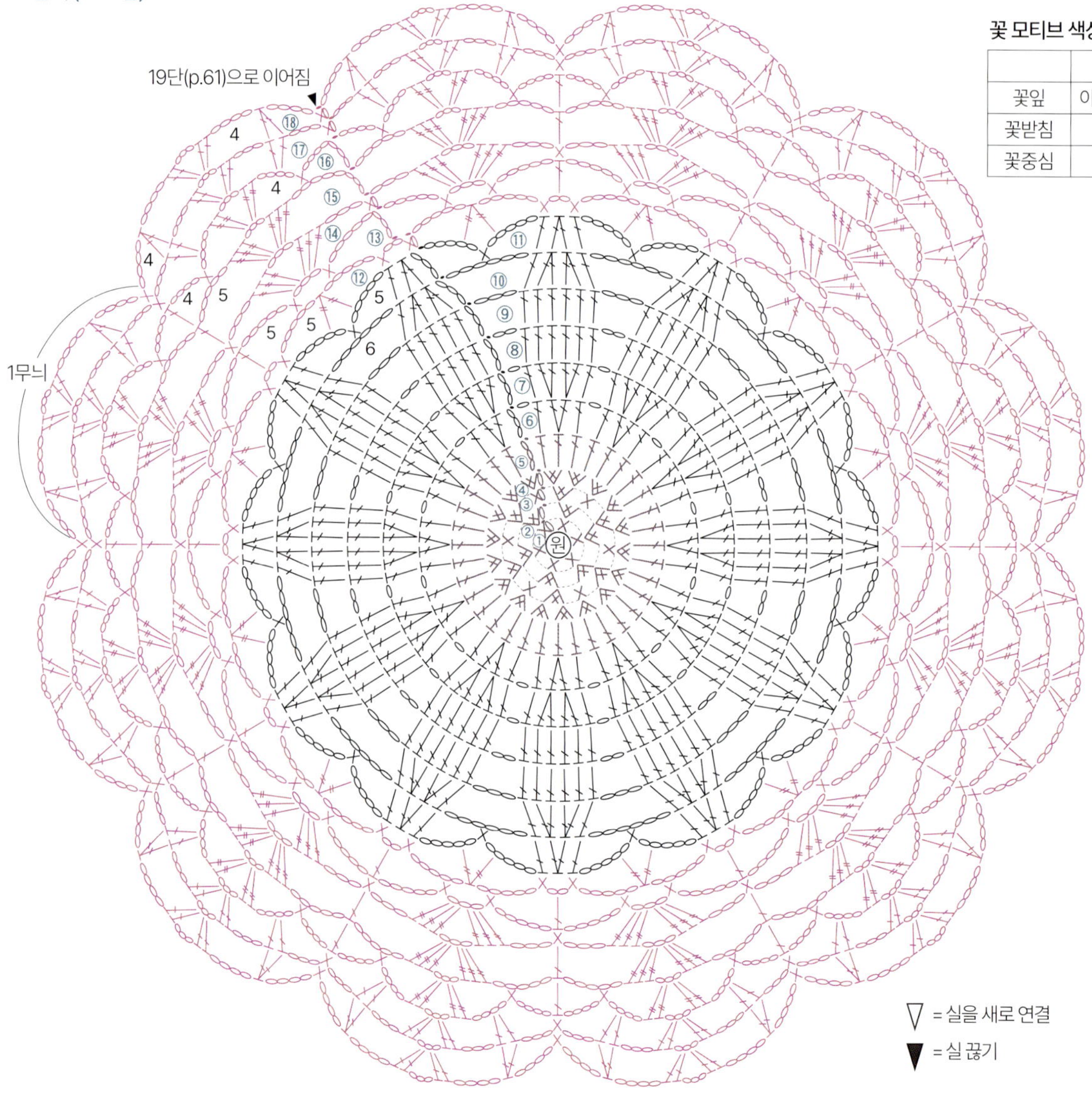

19단(p.61)으로 이어짐

1무늬

▽ = 실을 새로 연결
▼ = 실 끊기

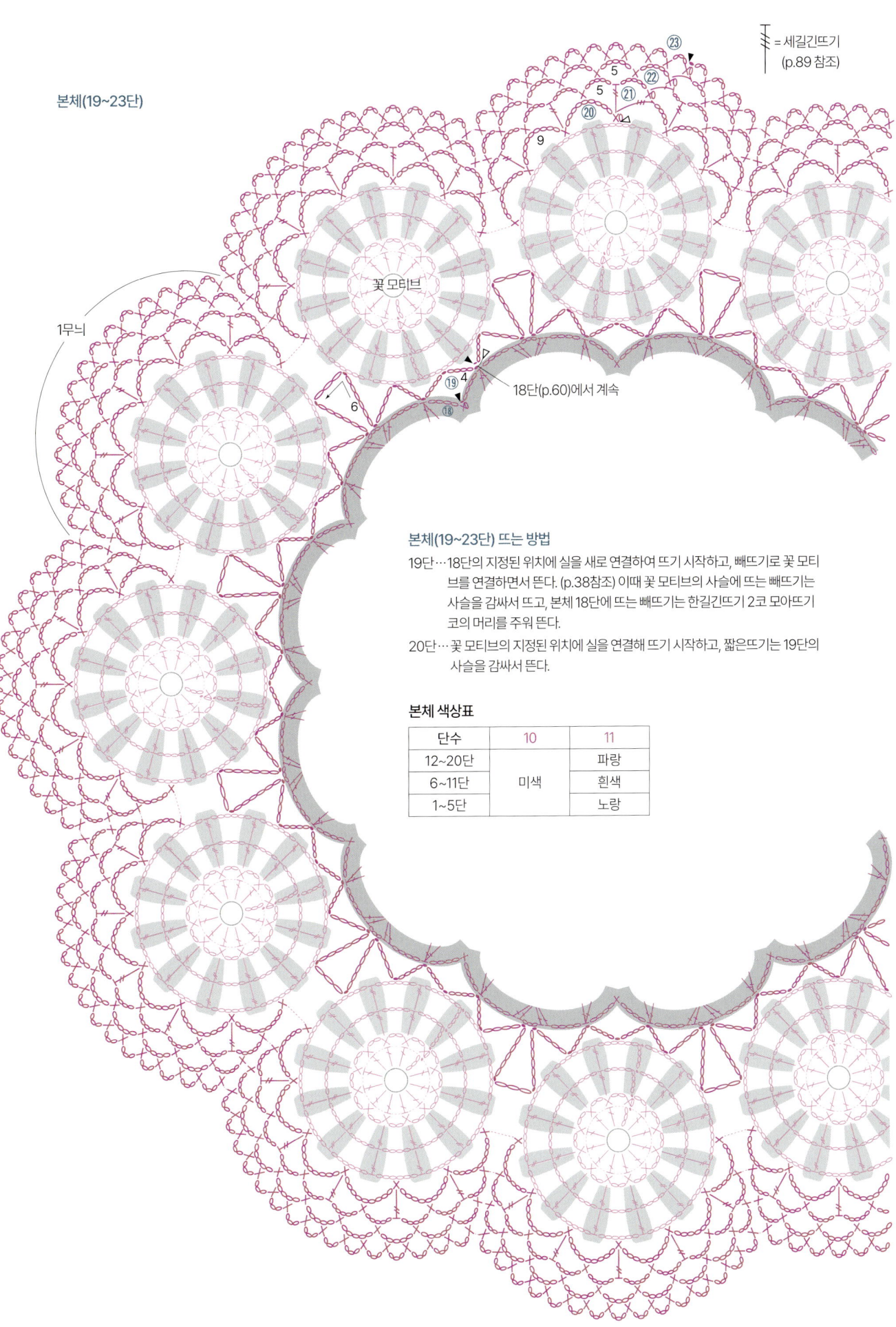

본체(19~23단)

1무늬

꽃 모티브

↟↟↟ = 세길긴뜨기
(p.89 참조)

18단(p.60)에서 계속

본체(19~23단) 뜨는 방법

19단…18단의 지정된 위치에 실을 새로 연결하여 뜨기 시작하고, 빼뜨기로 꽃 모티브를 연결하면서 뜬다. (p.38참조) 이때 꽃 모티브의 사슬에 뜨는 빼뜨기는 사슬을 감싸서 뜨고, 본체 18단에 뜨는 빼뜨기는 한길긴뜨기 2코 모아뜨기 코의 머리를 주워 뜬다.

20단…꽃 모티브의 지정된 위치에 실을 연결해 뜨기 시작하고, 짧은뜨기는 19단의 사슬을 감싸서 뜬다.

본체 색상표

단수	10	11
12~20단	미색	파랑
6~11단		흰색
1~5단		노랑

12 해바라기 p.18

[실] DMC
세베리아 20번 / 아이보리(BLANC)…20g, 황금색
(743)…13g, 올리브(3364)…10g, 갈색(434)…7g
[바늘] 레이스용 코바늘 6호
[게이지] 한길긴뜨기 / 1단=0.5cm
[사이즈] 지름 33cm(정원)

[뜨는 방법]

1. 본체를 실 끝으로 원형 고리를 만들어 뜨기 시작하고, 1단은 24코를 뜬다. 2~16단은 도안을 참고해 한 무늬를 12번 반복해서 뜬다. 17단은 ❶~⓬의 지정된 위치에 실을 새로 연결하고 한 무늬씩( ) 왕복뜨기로 21단까지 뜬다.
2. 본체 22단은 10단의 지정된 위치에 실을 새로 연결하고 10단의 사슬을 감싸서 뜬다.
3. 본체 25단은 「본체 25단(꽃 모티브) 뜨는 방법」을 참고해 꽃 모티브를 뜬다.
4. 본체 26단은 25단의 지정된 위치에 실을 새로 연결하고 꽃 모티브의 코를 주워서 뜬다. 29단까지 뜬다.

본체(1~21단) 색상: 흰색

본체(22~24단) 색상: 황금색

22단은 10단의 지정된 위치(편물 앞쪽)에 실을 새로 연결하고 10단의 사슬을 감싸서 뜬다.

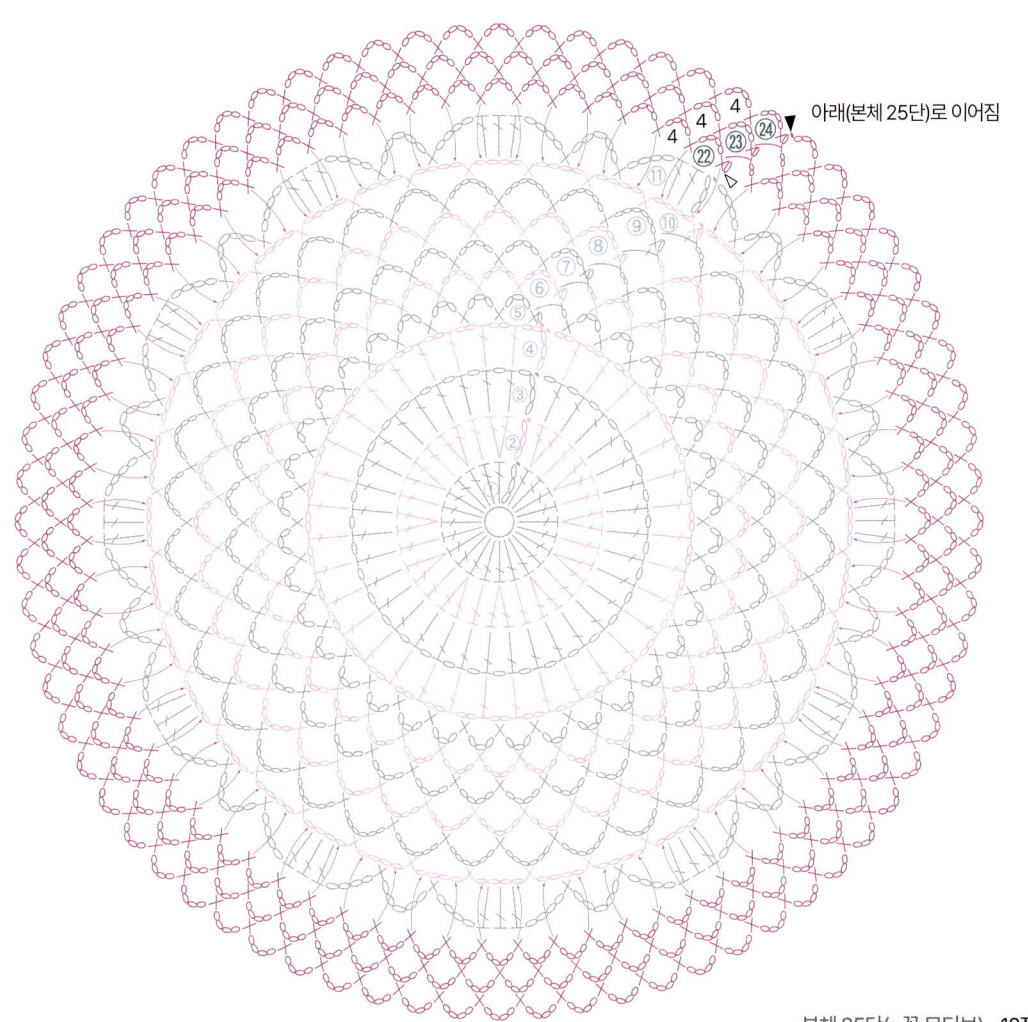

아래(본체 25단)로 이어짐

본체 25단(=꽃 모티브)   12장

본체 25단(꽃 모티브) 뜨는 방법

※꽃 모티브를 ❶~⓬의 순서(도안은 p.64 참조)로 뜬다.

꽃 모티브 6단…4·5단을 앞으로 젖혀 두고 3단의 코를 주워 뜬다.

꽃 모티브 8단…빼뜨기로 인접하는 꽃 모티브와 본체에 연결하며 뜬다. 「꽃 모티브 연결 방법(p.64)」 참조

⬬ (8단) = 인접한 모티브와 본체에 연결하며 빼뜨기

꽃 모티브 색상표

단수	색
6~8단	올리브
4·5단	황금색
1~3단	갈색

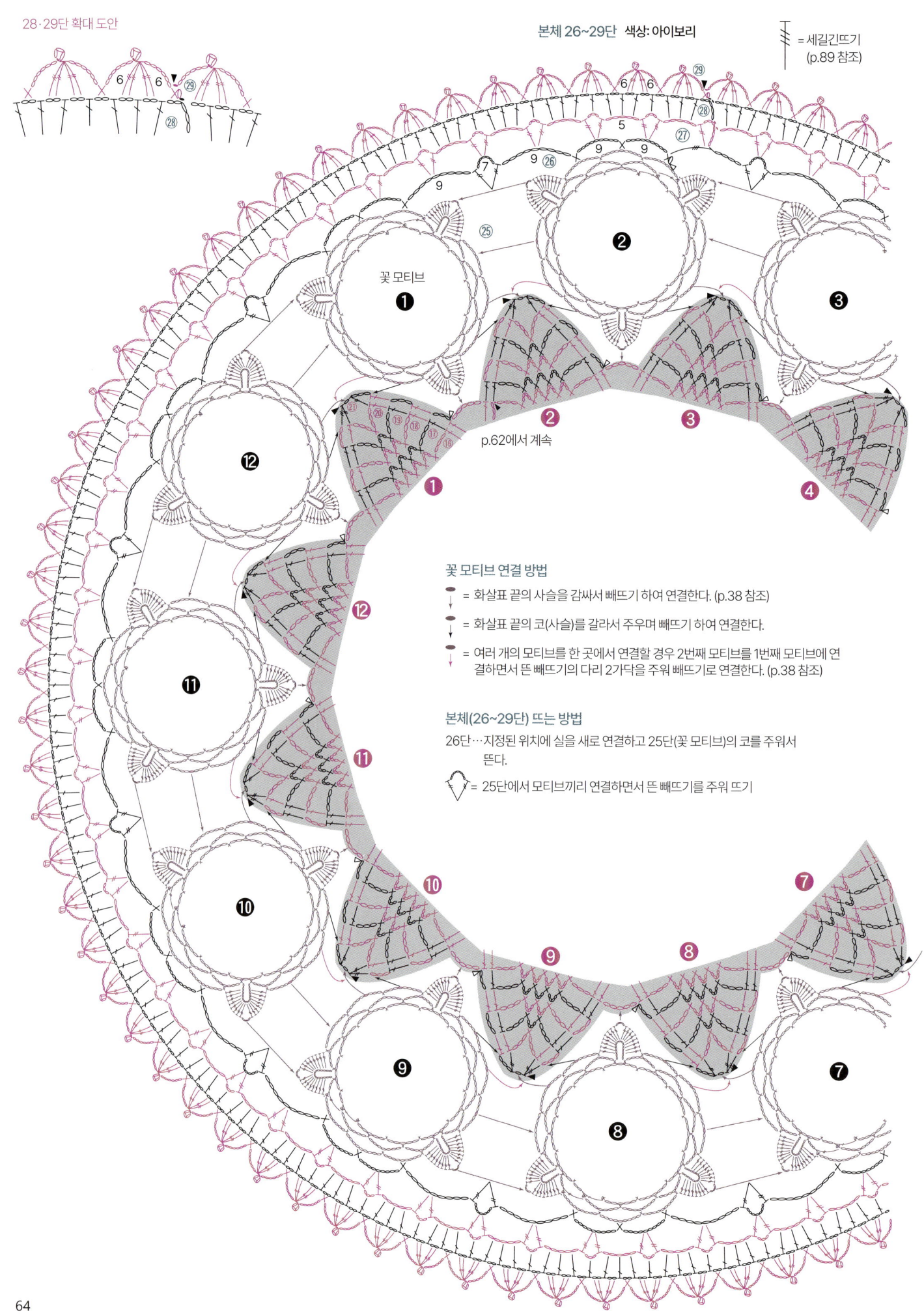

13 포인세티아 p.19

[실] DMC
세베리아 10번 / 빨강(666)…22g,
진한 녹색(699)·아이보리(BLANC)…각 12g,
황금색(743)…1g
[바늘] 레이스용 코바늘 4호
[게이지] 한길긴뜨기 / 1단=0.5cm
[사이즈] 가로 33cm×세로 29cm

[뜨는 방법]
1. 「꽃 모티브 1~9단 뜨는 방법」, 「꽃 모티브 10~17단 뜨는 방법」, 「꽃 모티브 18~24단 뜨는 방법」을 차례로 참조하여 꽃 모티브를 3장 뜬다.
2. 도안(p.66)을 참조해 왕복뜨기로 잎 모티브 3장을 뜬다. 뜨개질 시작과 끝의 실 끝을 길게 남겨둔다.
3. 꽃 모티브의 지정된 위치에 실을 새로 연결하고 「테두리 뜨는 방법(p.67)」을 참고해 테두리를 뜬다.
4. 잎 모티브의 길게 남겨두었던 실을 이용해 잎 모티브가 들뜨지 않도록 꽃 모티브에 꿰매 붙인다.

꽃 모티브

▽ = 실을 새로 연결
▼ = 실 끊기

꽃 모티브 색상표

단수	색
18~24단	진한 녹색
4~17단	빨강
1~3단	황금색

꽃 모티브 1~9단 뜨는 방법
4단…↑는 전단의 한길긴뜨기 사이를 주워 뜬다.
5~10단…기둥코는 짧은뜨기 앞걸어뜨기
+사슬 2개
⋏(9단)= 두길긴뜨기 앞걸어뜨기와 한길긴뜨기의 2코 모아뜨기
⋏(9단)= 한길긴뜨기와 두길긴뜨기 앞걸어뜨기의 2코 모아뜨기

꽃 모티브 10~17단 뜨는 방법
하나의 꽃잎을 뜨고 이어서 다음 꽃잎을 뜨는 식으로 각각을 왕복뜨기로 뜬다.

꽃 모티브 18~24단 뜨는 방법
꽃잎 사이 4곳에 각각 새 실을 연결해 왕복뜨기로 뜬다.
▨ = 줍는 코의 뒤쪽 반 코를 주워 뜬다.

10~17단, 18~24단 확대 도안
※각 단을 구분하기 쉽도록 단마다 색을 다르게 표시하였다.

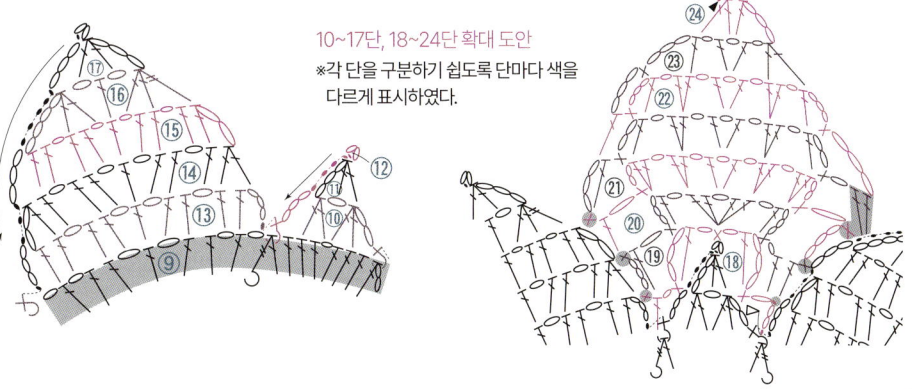

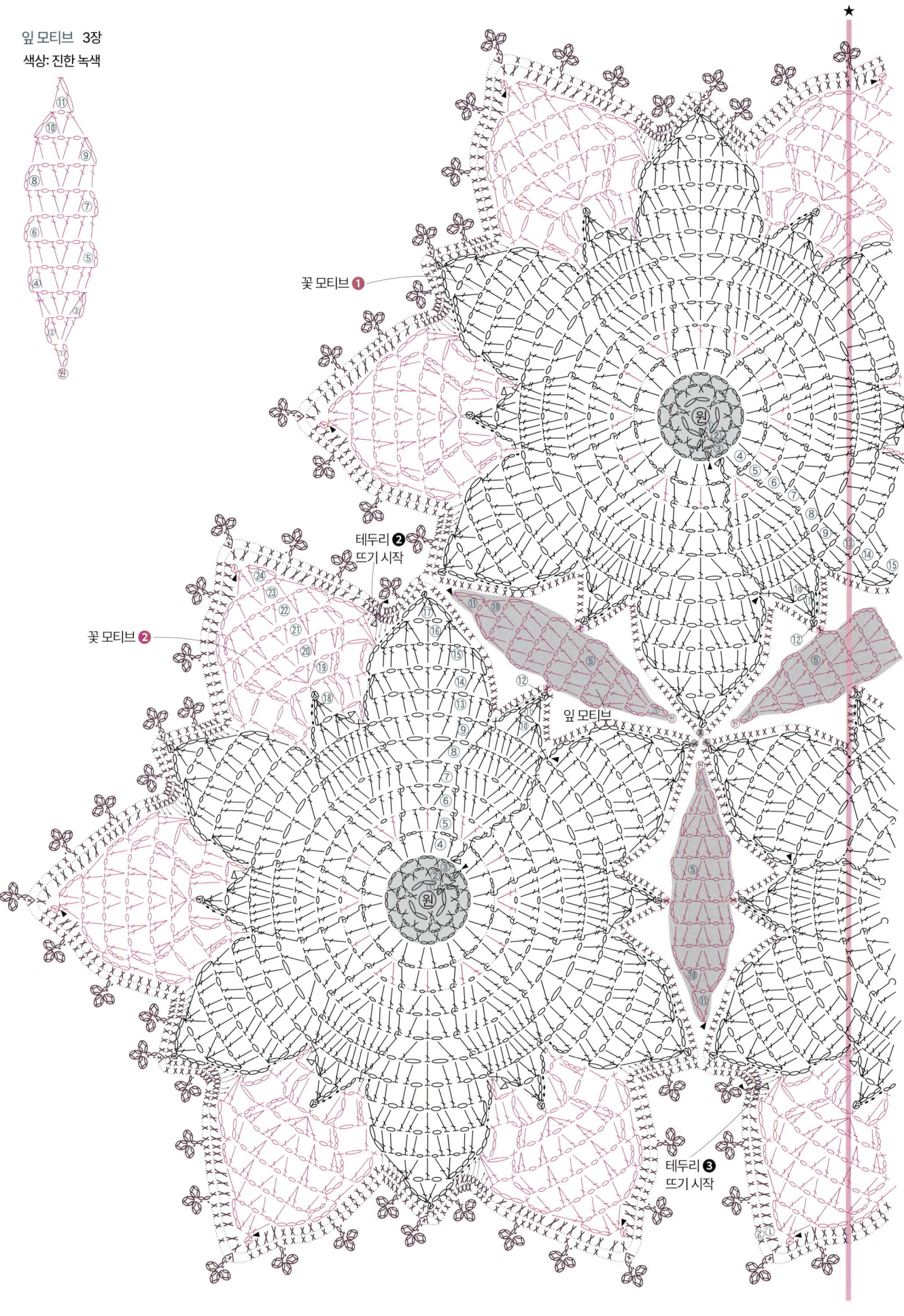

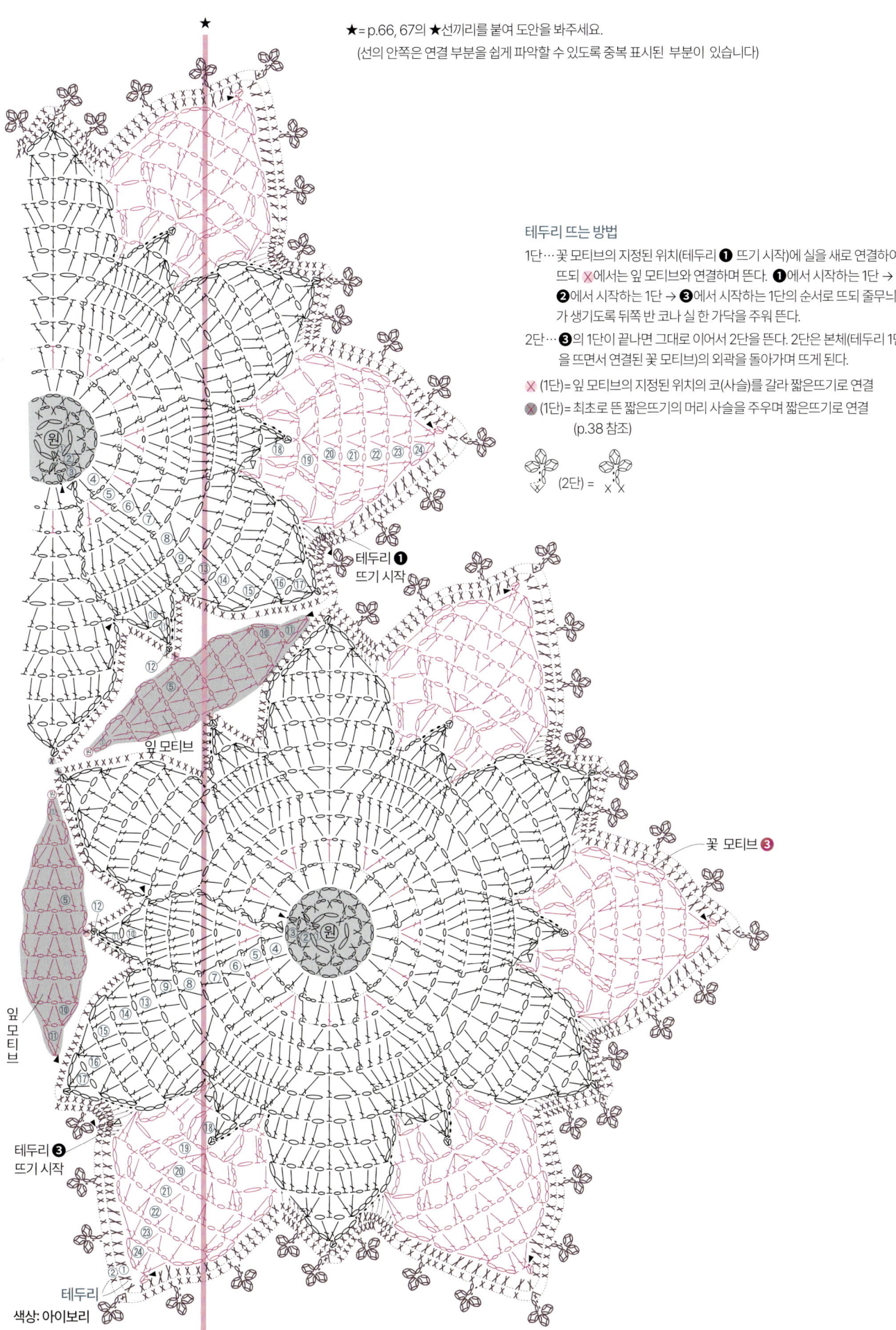

15 무스카리 p.22

〔실〕 DARUMA
레이스실 #30 아오이 / 오프화이트(15)…31g
〔바늘〕 레이스용 코바늘 4호
〔게이지〕 한길긴뜨기 / 1단=0.6cm
〔사이즈〕 지름 31cm(정원)
〔뜨는 방법〕

1. 실 끝을 원형 고리로 만들어 뜨기 시작하고, 한 무늬를 6번 반복하며 27단까지 뜬다.

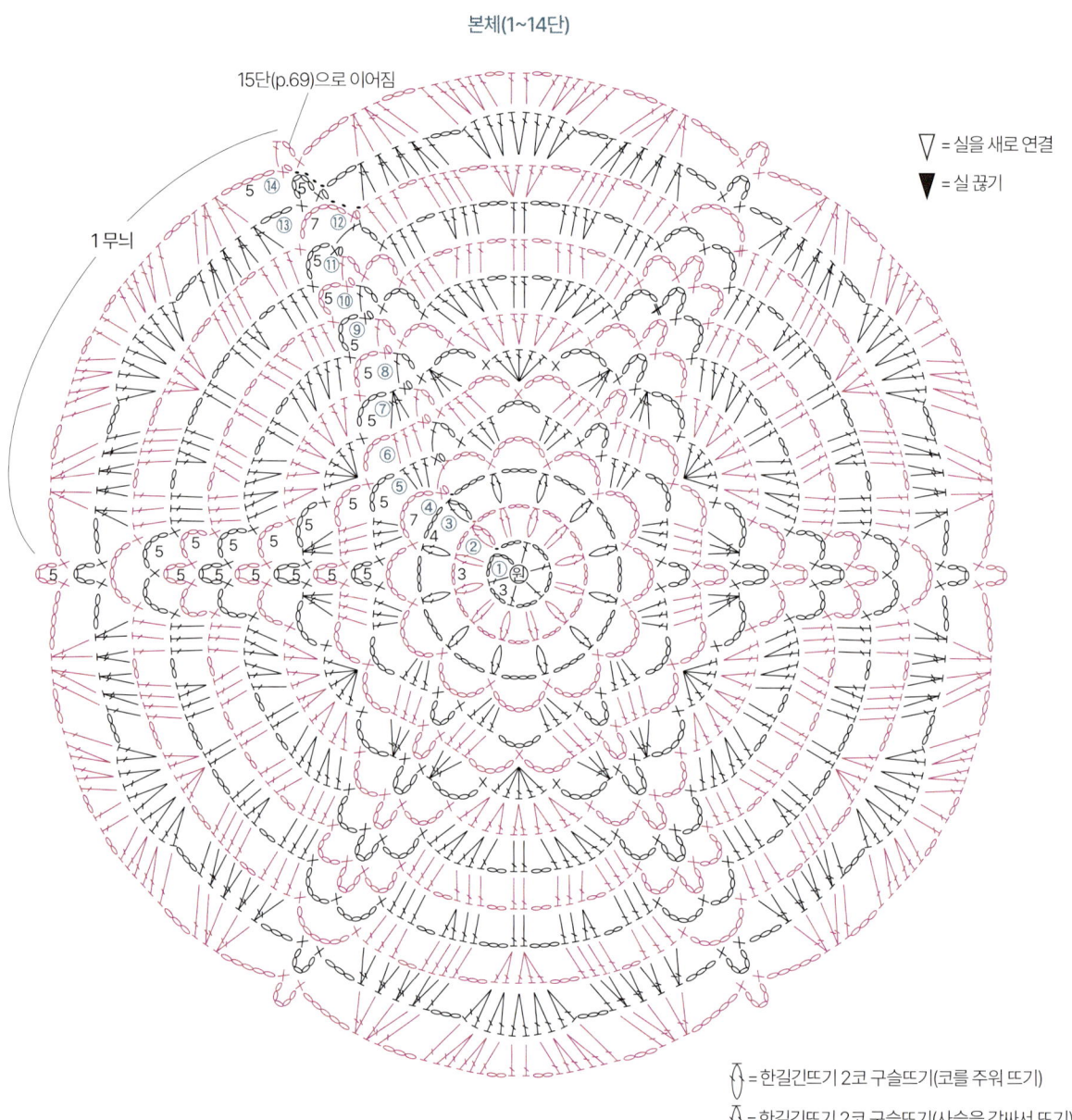

본체(1~14단)

▽ = 실을 새로 연결
▼ = 실 끊기

= 한길긴뜨기 2코 구슬뜨기(코를 주워 뜨기)
= 한길긴뜨기 2코 구슬뜨기(사슬을 감싸서 뜨기)

본체(15~27단)

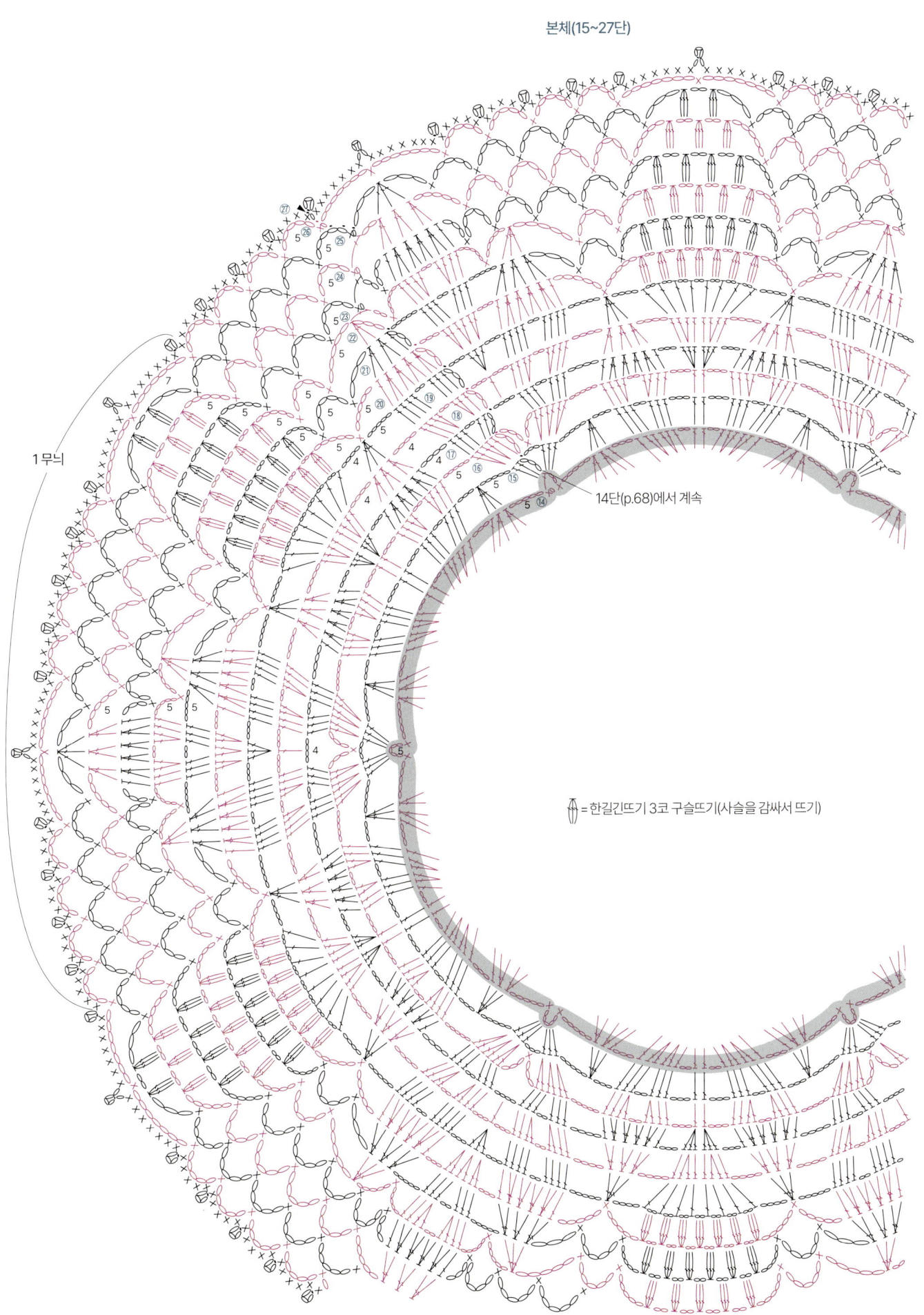

14단(p.68)에서 계속

= 한길긴뜨기 3코 구슬뜨기(사슬을 감싸서 뜨기)

1 무늬

16 은방울꽃 p.23

[실] DARUMA
레이스실 #30 아오이 / 오프화이트(15)…37g
[바늘] 레이스용 코바늘 4호
[게이지] 한길긴뜨기 / 1단=0.5cm
[사이즈] 지름 32cm(정원)

[뜨는 방법]
1 실 끝으로 원형 고리를 만들어 뜨기 시작하고, 1단은 짧은뜨기 12코를 뜬다.
  2~31단은 도안과 같이 한 무늬를 6번 반복해서 뜬다.

본체(1~18단)

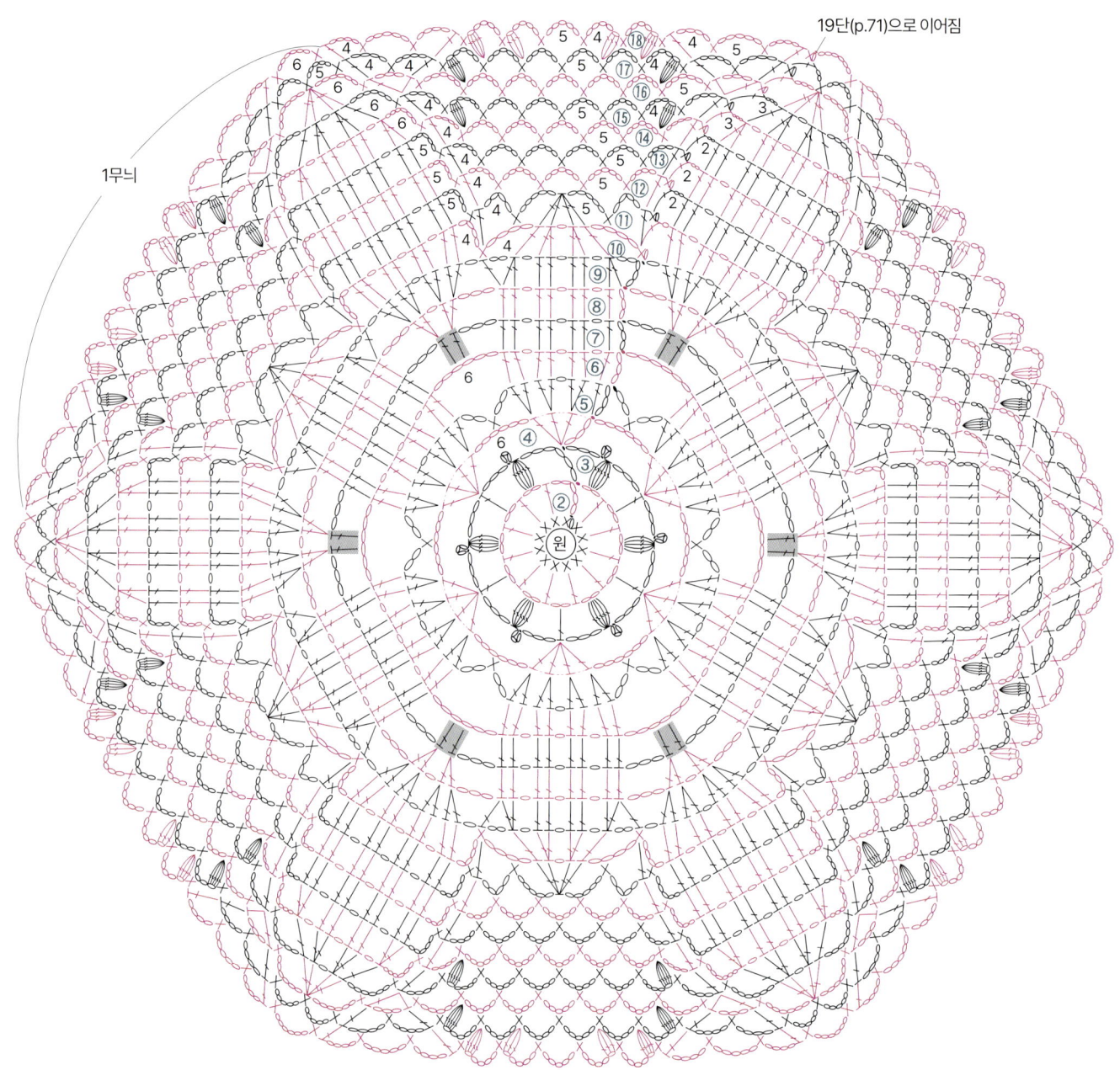

19단(p.71)으로 이어짐

1무늬

본체 뜨는 방법

▯ (7단)= 전단의 사슬 앞쪽 반 코를 주워 뜬다.

✕⟲ ← 단의 뜨기 시작(11~18단, 28~31단)
← 전단의 뜨기 끝
= 첫 코(짧은뜨기)는 전단의 마지막 뜨개(한길긴뜨기)의 다리를 감싸며 뜬다.

⬓ (3단)= 한길긴뜨기 5코 구슬뜨기(전단의 사슬을 감싸서 뜨기)
⬓ (15·17단)= 한길긴뜨기 5코 팝콘뜨기(전단의 코를 주워 뜨기)
⬓ (18단)= 한길긴뜨기 4코 팝콘뜨기(전단의 코를 주워 뜨기)
⬓ (18단)= 한길긴뜨기 3코 팝콘뜨기(전단의 코를 주워 뜨기)

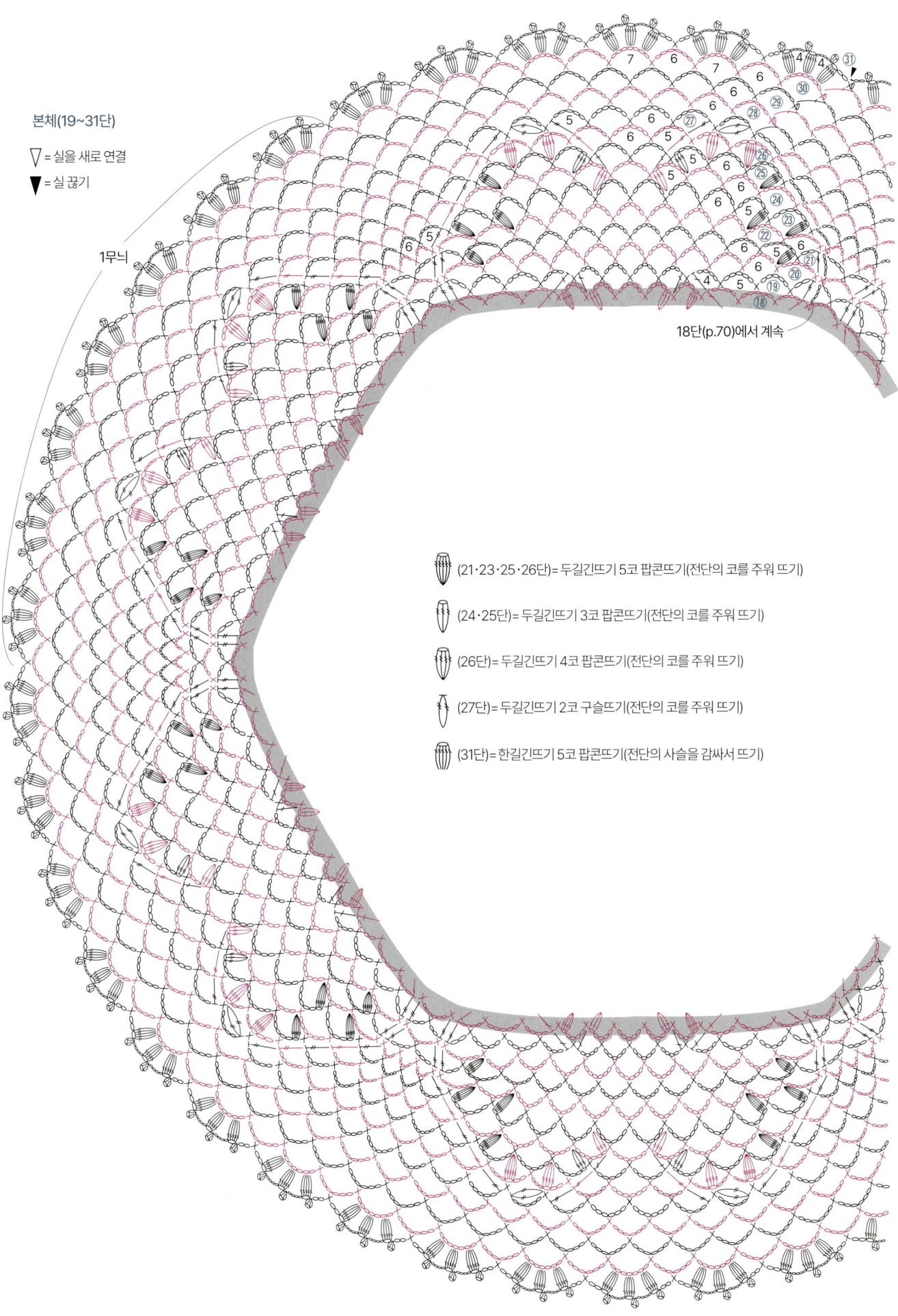

17 거베라

〔실〕 DARUMA
레이스실 #30 아오이 / 베이지(3)…16g
〔바늘〕 레이스용 코바늘 4호
〔게이지〕 한길긴뜨기 / 1단=0.6cm
〔사이즈〕 지름 28cm(정원)

〔뜨는 방법〕

1 실 끝으로 원형 고리를 만들어 뜨기 시작하고, 1단은 짧은뜨기 12코를 뜬다. 2~18단은 한 무늬를 12번 반복해 뜬다. 10단의 꽃잎은 p.41~42를 참조해 뜬다.

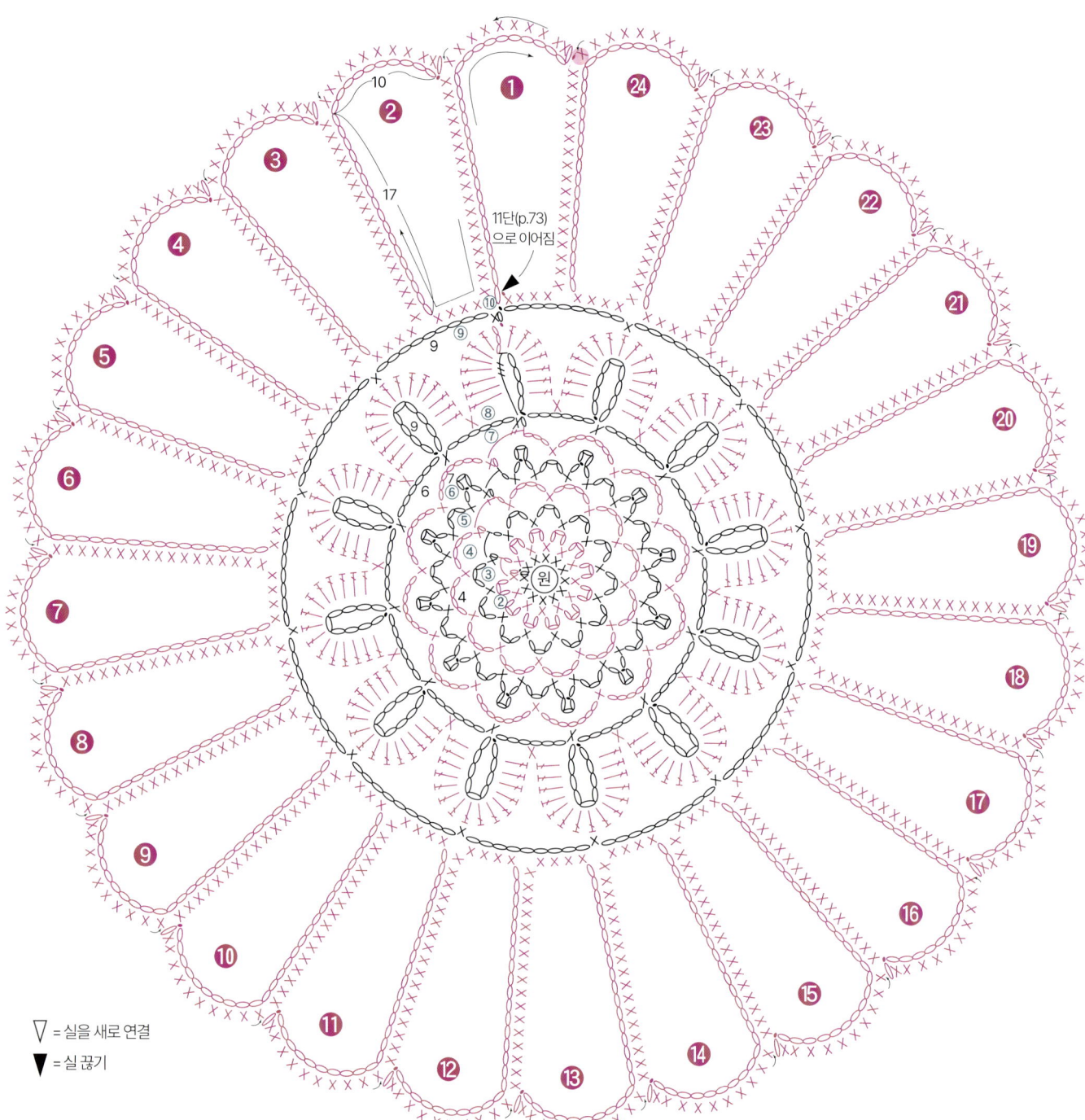

본체(1~10단)

▽ = 실을 새로 연결
▼ = 실 끊기

10단…p.41~42를 참조하여 ①~㉔의 순서로 뜬다.

✻ (10단)= 꽃잎 ㉔를 뜨다가 [기둥코 사슬 1+짧은뜨기 9]를 뜬 후, 미완성 짧은뜨기(p.89 참조)를 뜨고 ①의 기둥코 사슬과 첫 번째 짧은뜨기 사이에 바늘을 넣고 실을 걸어 빼서 ①에 연결한다.
(p.42 참조)

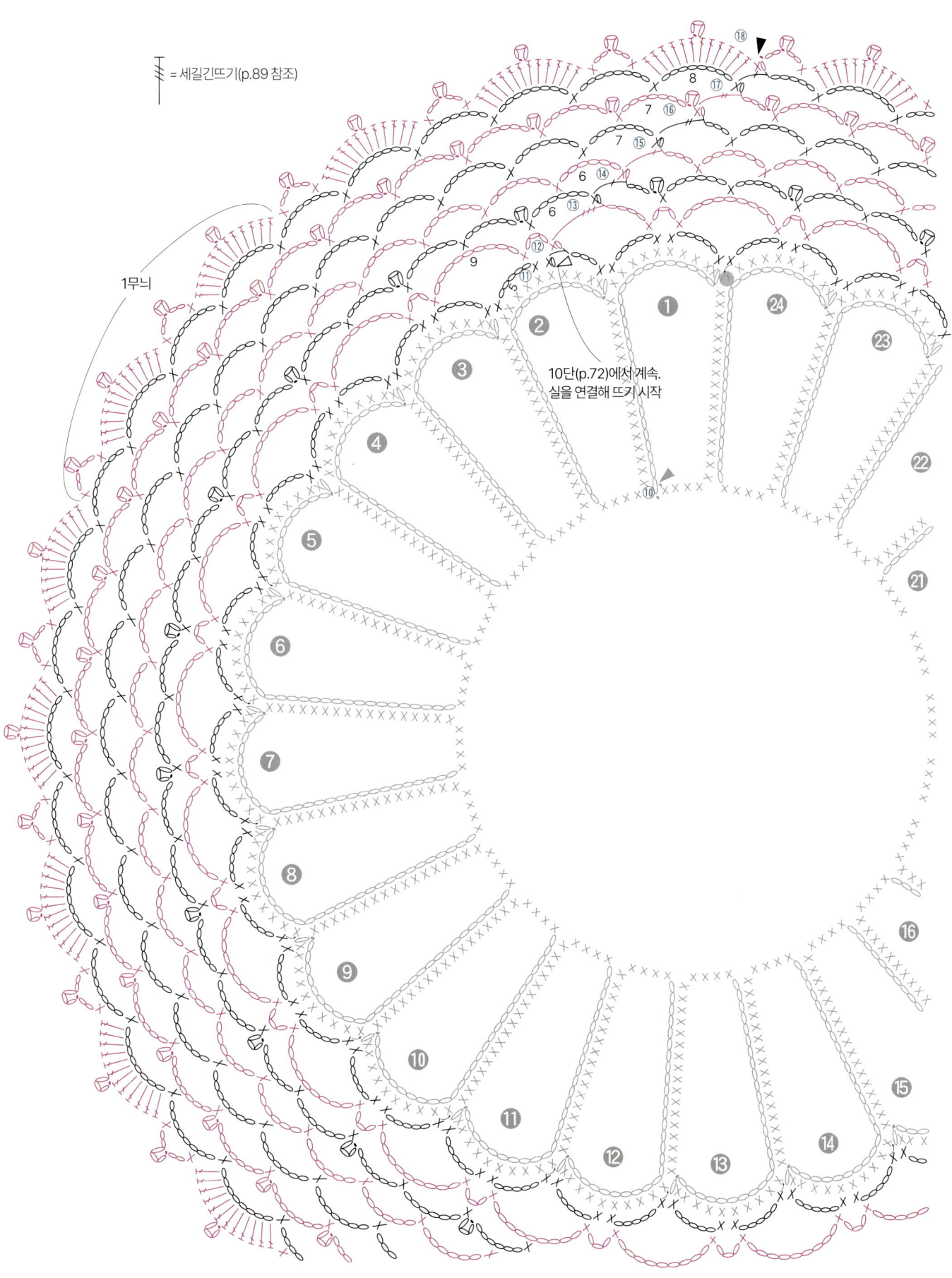

18 클레마티스 p.25

〔실〕DARUMA
레이스실 #30 아오이 / 베이지(3)…29g
〔바늘〕레이스용 코바늘 4호
〔게이지〕한길긴뜨기 / 1단=0.6cm
〔사이즈〕지름 30cm(정원)

〔뜨는 방법〕
1 실 끝으로 원형 고리를 만들어 뜨기 시작하고, 1단은 짧은뜨기 6코를 뜬다.
  2~8단은 한 무늬를 6번 반복하고, 9~32단은 한 무늬를 8번 반복해 뜬다.

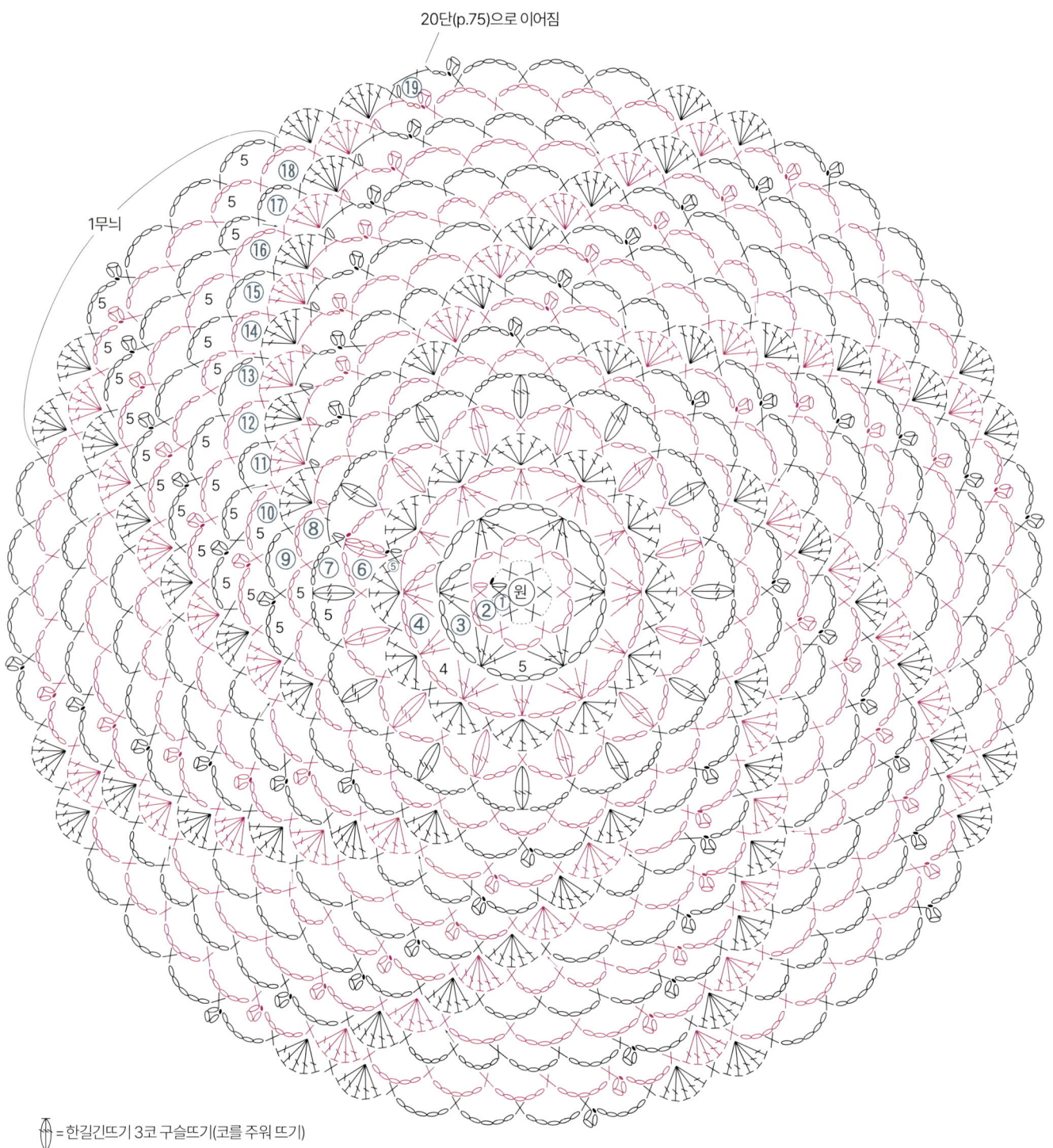

= 한길긴뜨기 3코 구슬뜨기(코를 주워 뜨기)

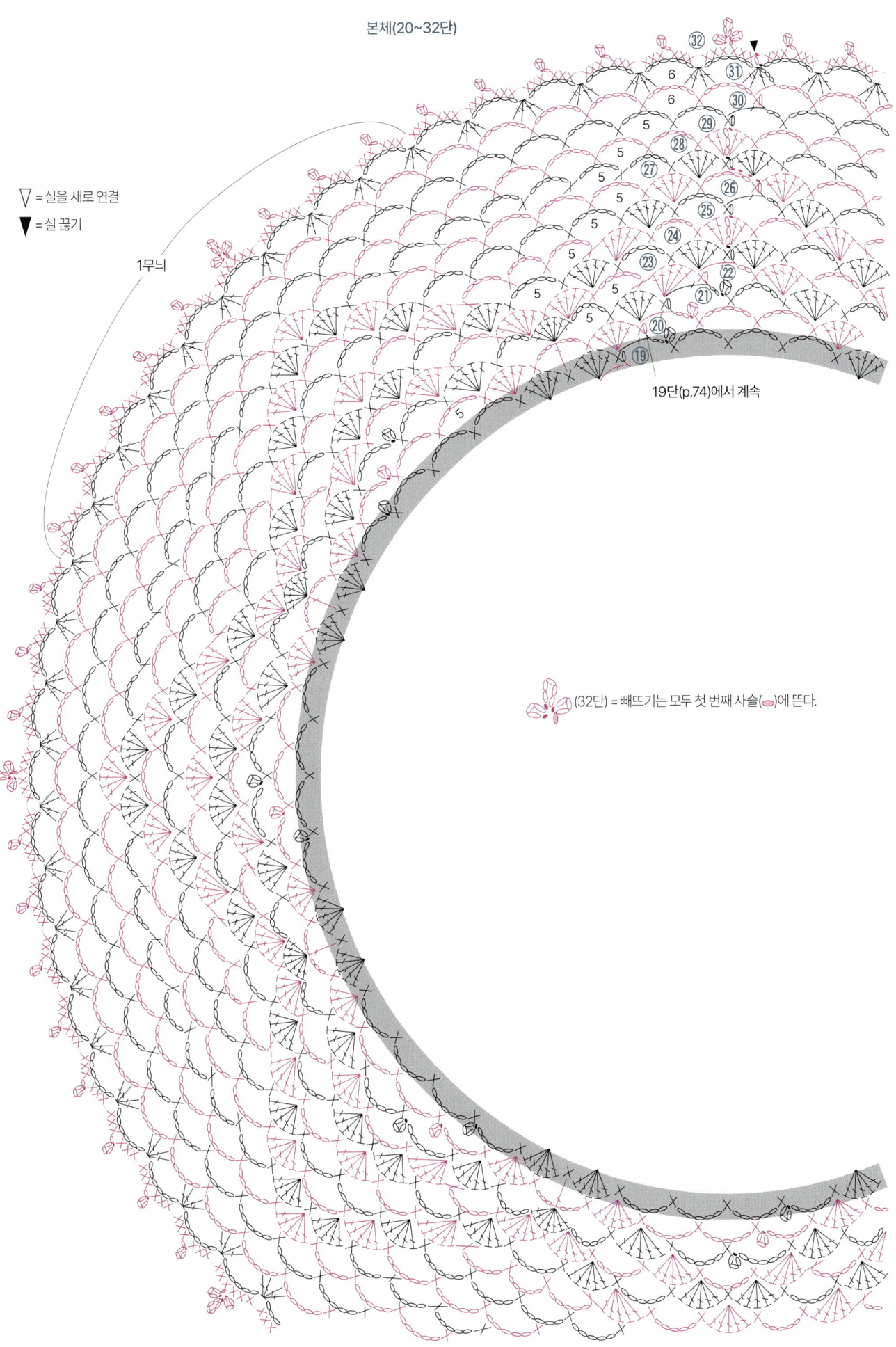

19 튤립 p.26

〔실〕 올림푸스
금표 40번 레이스실 / 오프화이트(802)…27g
〔바늘〕 레이스용 코바늘 6호
〔게이지〕 한길긴뜨기 / 1단=0.6cm
〔사이즈〕 지름 38cm(정원)

〔뜨는 방법〕
1 실 끝으로 원형 고리를 만들어 뜨기 시작하고, 한 무늬를 8번 반복하며 28단까지 뜬다.

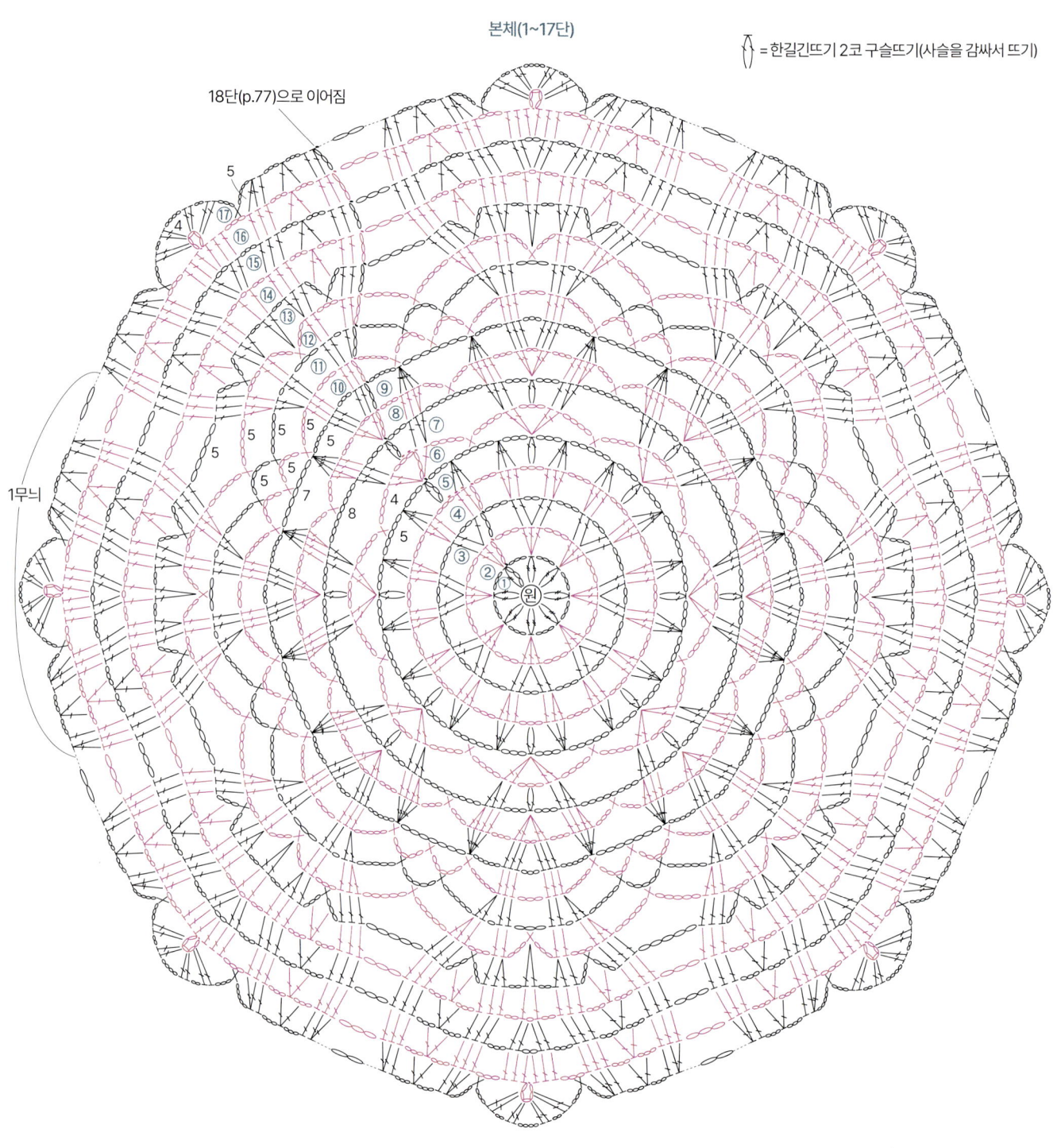

본체(1~17단)

= 한길긴뜨기 2코 구슬뜨기(사슬을 감싸서 뜨기)

18단(p.77)으로 이어짐

1무늬

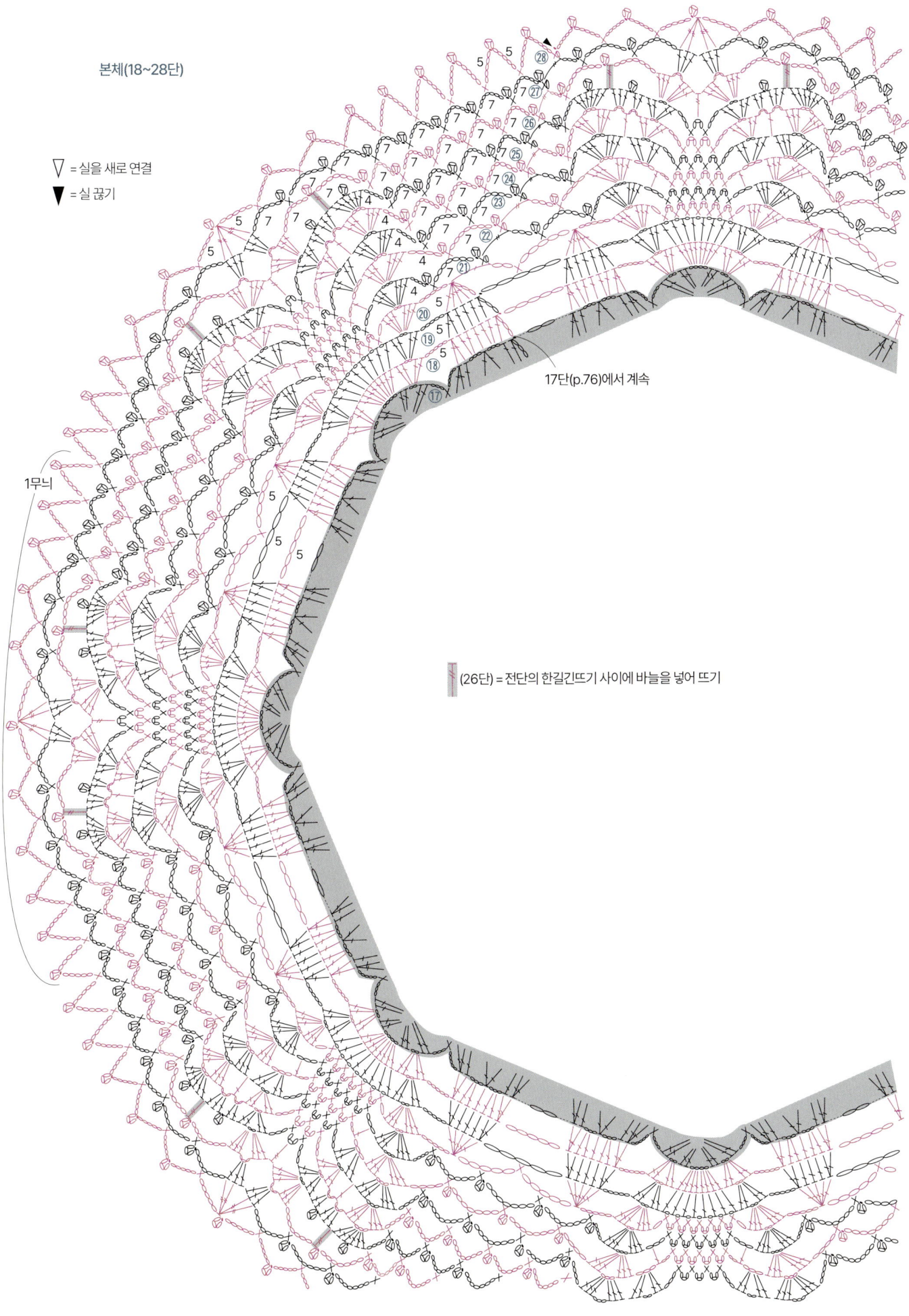

20 팬지 p.27

[실] 올림푸스
금표 40번 레이스실 / 오프화이트(802)…36g
[바늘] 레이스용 코바늘 8호
[게이지] 한길긴뜨기 / 1단=0.4cm
모눈뜨기 / 10cm=23칸 26단
[사이즈] 가로 36cm×세로 32cm
[뜨는 방법]

1. 실 끝으로 원형 고리를 만들어 뜨기 시작하고 1단은 짧은뜨기를 18코 뜬다. 2~43단은 한 무늬를 6번 반복해서 뜬다.

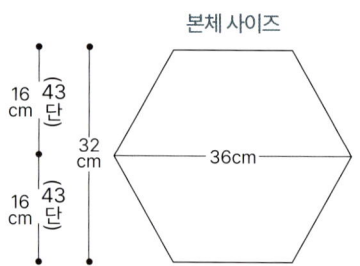

본체 사이즈

본체(1~18단)
19단(p.79)으로 이어짐
※모눈뜨기의 한길긴뜨기 코 줍는 방법은 p.37 참조

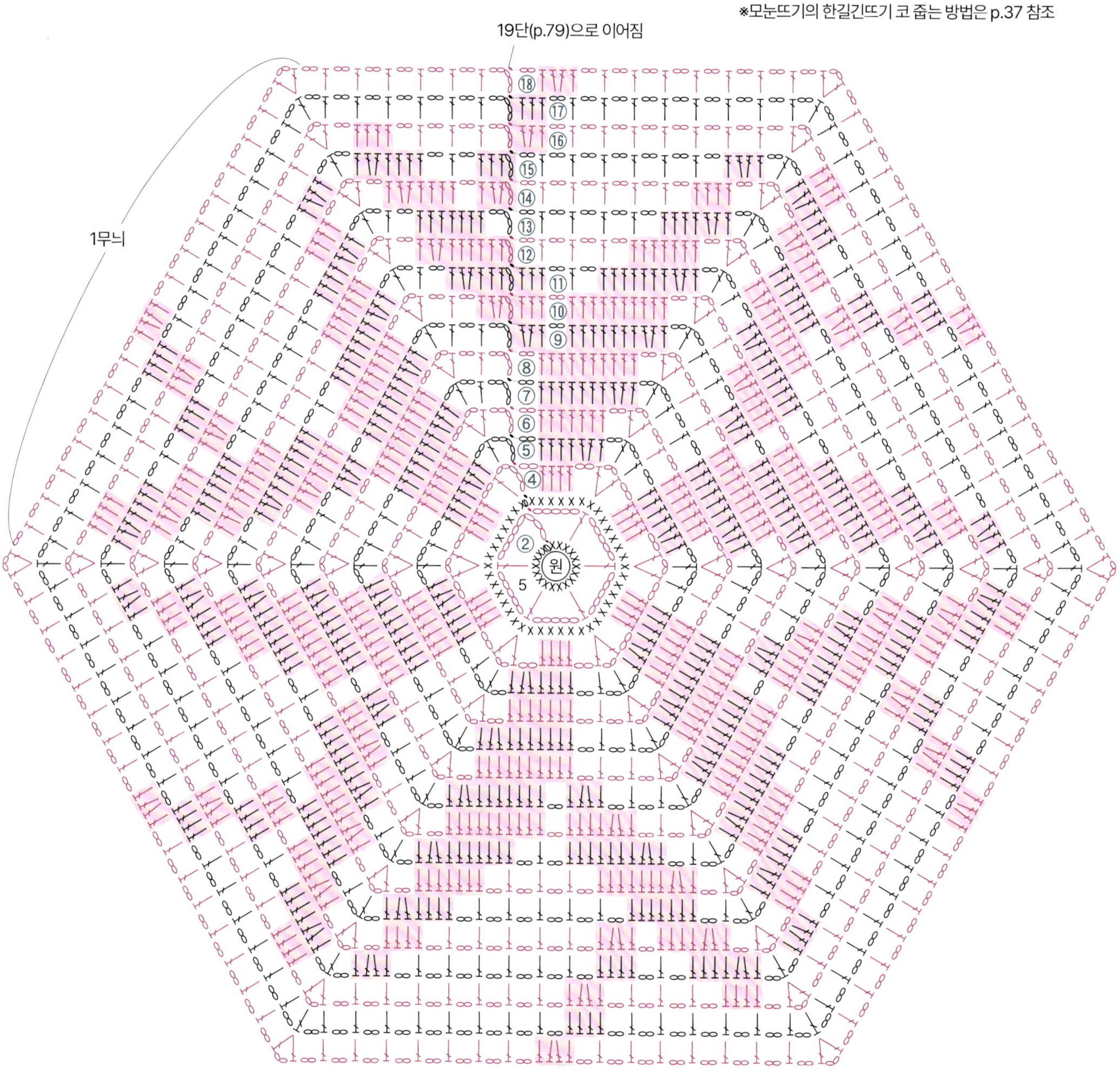

1무늬

본체(19~43단)

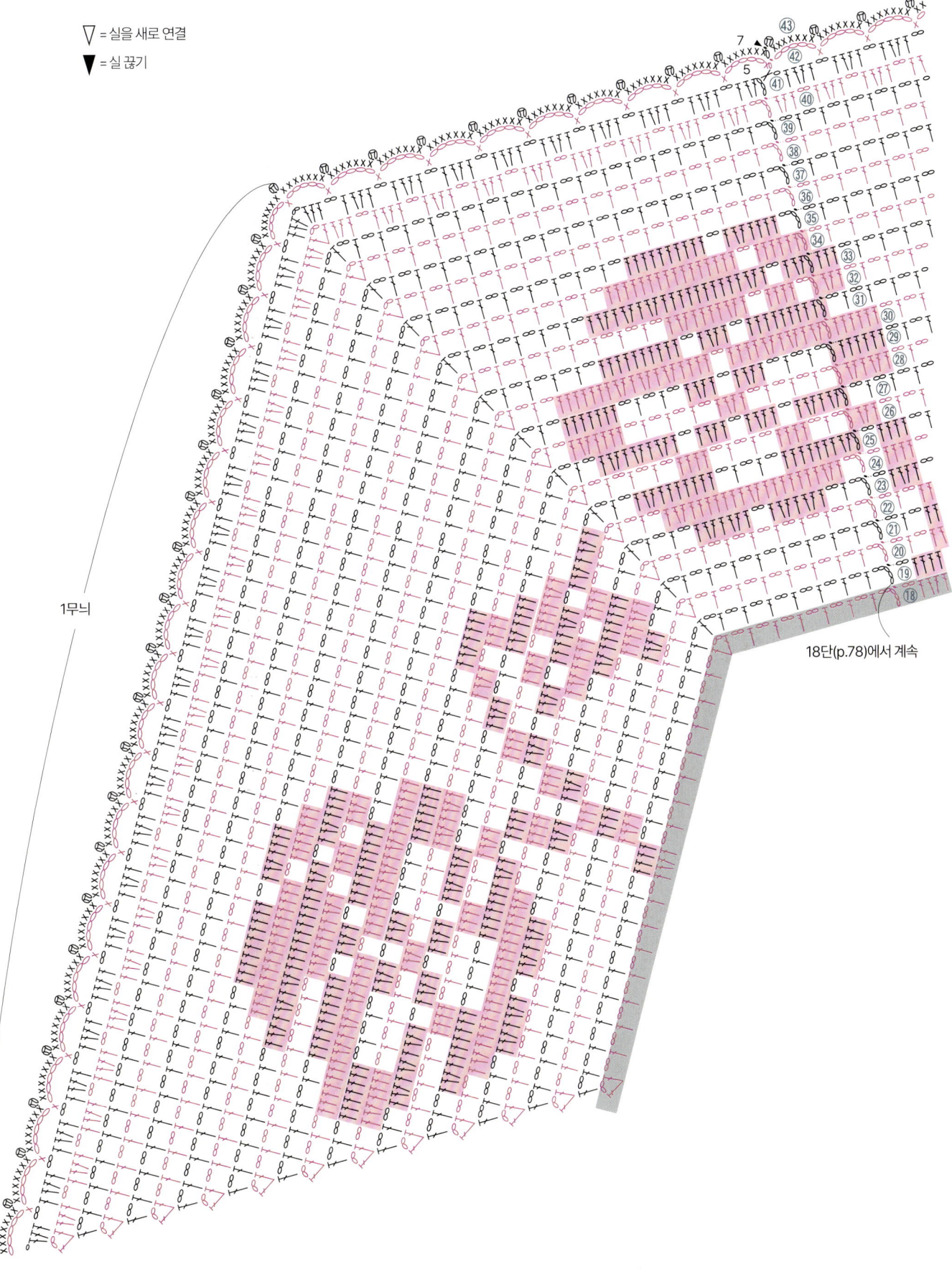

21·22 리프 p.28, 29

〔**실**〕 올림푸스
21 금표 40번 레이스실 / 오프화이트(802)…35g
22 금표 40번 레이스실 / 검정(901)…35g
〔**바늘**〕 레이스용 코바늘 8호
〔**게이지**〕 한길긴뜨기 / 1단=0.5cm
〔**사이즈**〕 지름 38cm(정원)

〔**뜨는 방법**〕
1 실 끝으로 원형 고리를 만들어 뜨기 시작하고 한 무늬를 8번 반복하며 34단까지 뜬다.

본체(1~18단)

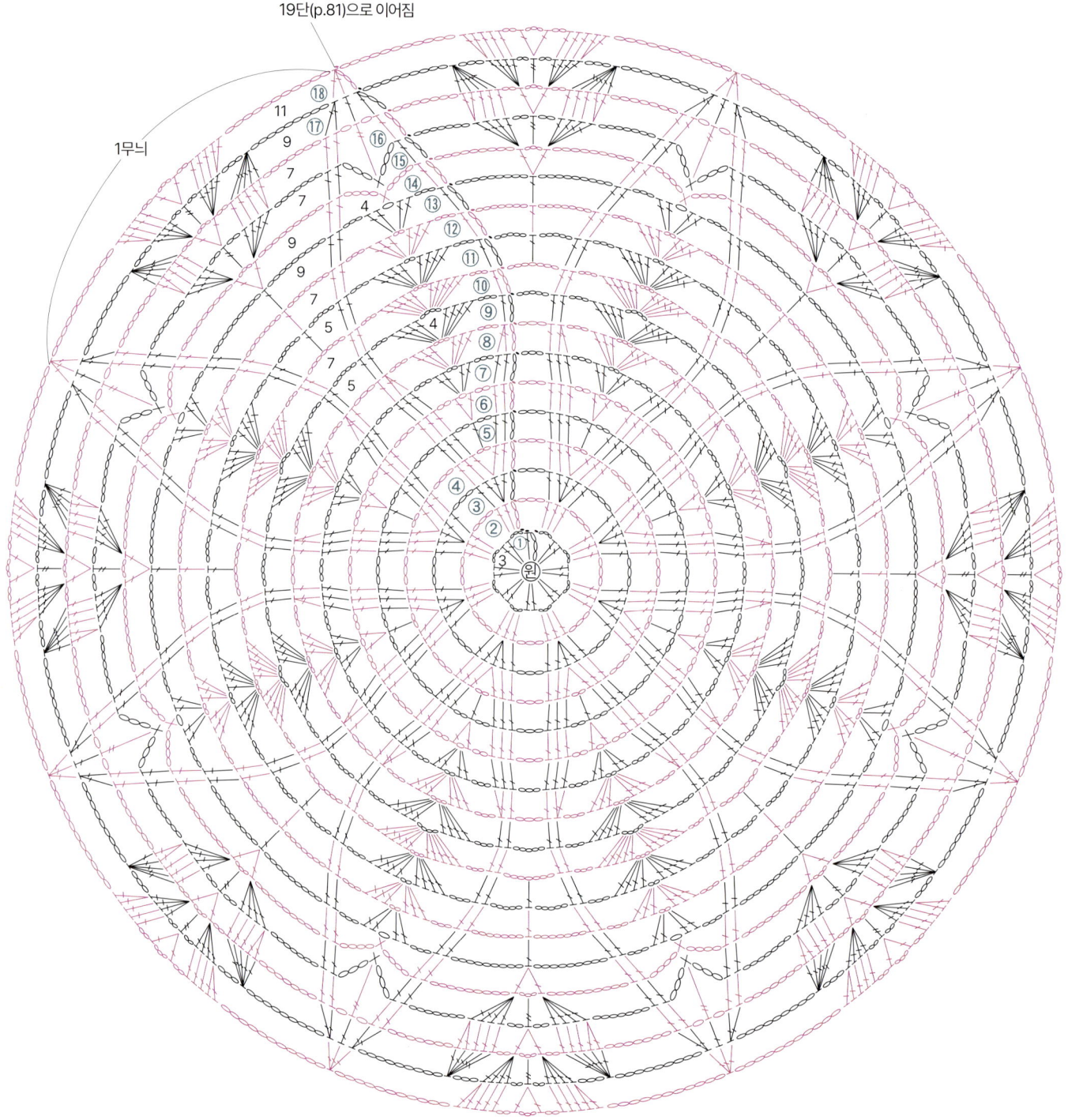

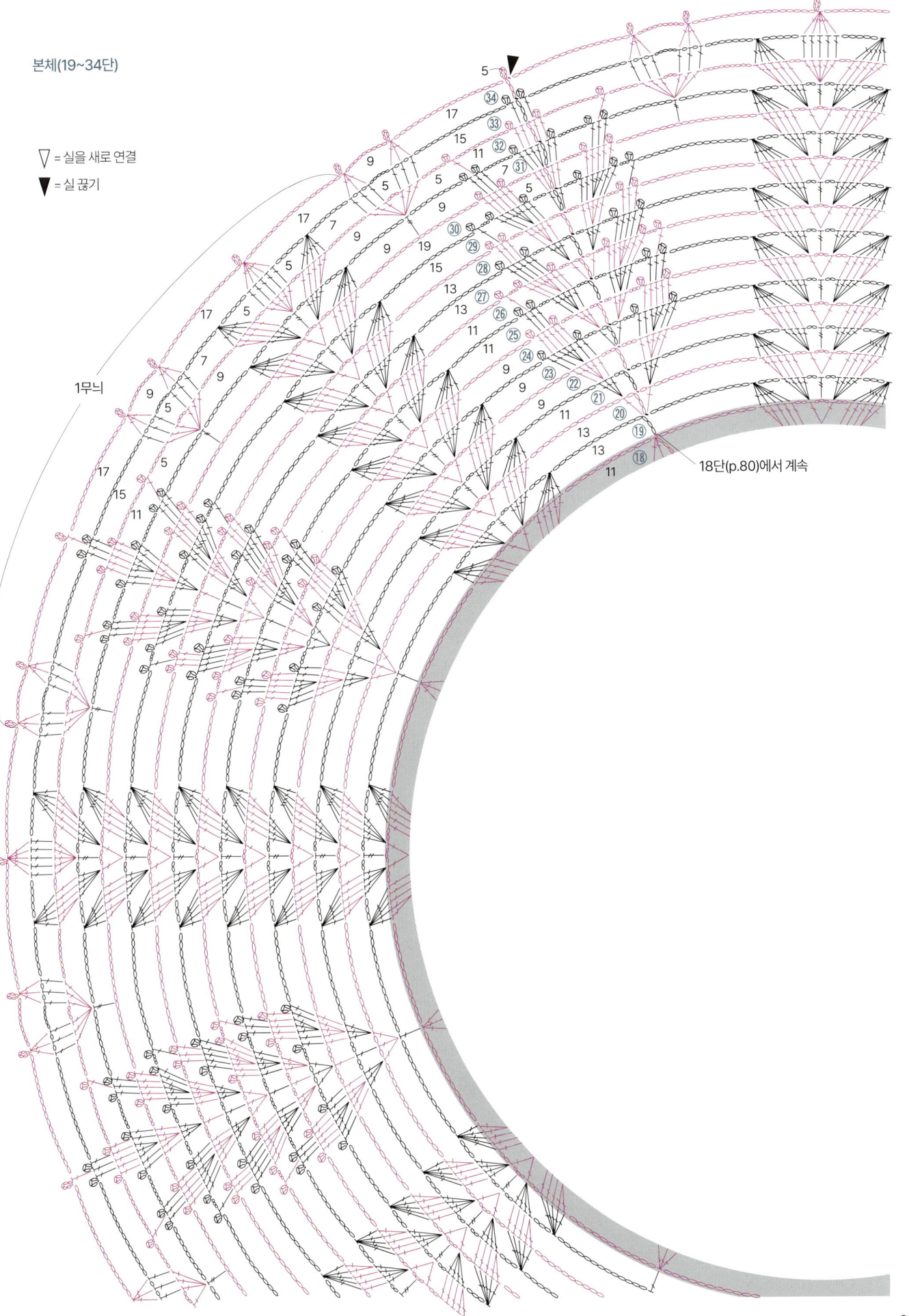

23 꽃과 나비 p.30

[실] 올림푸스
금표 40번 레이스실 / 아이보리(852)…27g
[바늘] 레이스용 코바늘 6호
[게이지] 한길긴뜨기 / 1단=0.5cm
[사이즈] 지름 29.5cm(정원)

[뜨는 방법]

1. 「본체 뜨는 방법」을 참조해 본체(1~30단)를 뜬다.
2. 도안을 참고해 나비 모티브를 10장 뜨되, 3단에서 본체에 연결하며 뜬다.
3. 도안을 참고해 꽃 모티브를 10장 뜬 다음, 본체의 지정된 위치에 꿰매 붙인다.

본체 뜨는 방법

① 사슬 10개를 뜨고 첫 코에 빼뜨기하여 원형 기초코를 만든 다음, 기초코를 주워 1단을 뜬다.

② 2~23단은 도안을 참고해 한 무늬를 10번 반복해 뜬다.

③ 24~30단은 한 무늬(❶~❿)씩 나누어 뜬다. 즉, ❶은 23단에서 이어서 뜨고, ❷~❿은 지정된 위치에 실을 새로 연결해 각각 왕복뜨기로 뜬다.

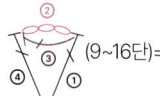
(9~16단)= 전단의 사슬을 감싸서 한길긴뜨기(①)를 뜨고, 사슬 3코(②)를 뜬 다음, ①의 한길긴뜨기 머리 사슬을 주워 한길긴뜨기(③)를 뜨고, 전단의 사슬을 감싸며 한길긴뜨기(④)를 뜬다. (p.42 참조)

나비 모티브 10장

※머리와 더듬이 뜨는 방법은 p.42 참조

● = 본체와 연결하는 빼뜨기

본체(1~17단)

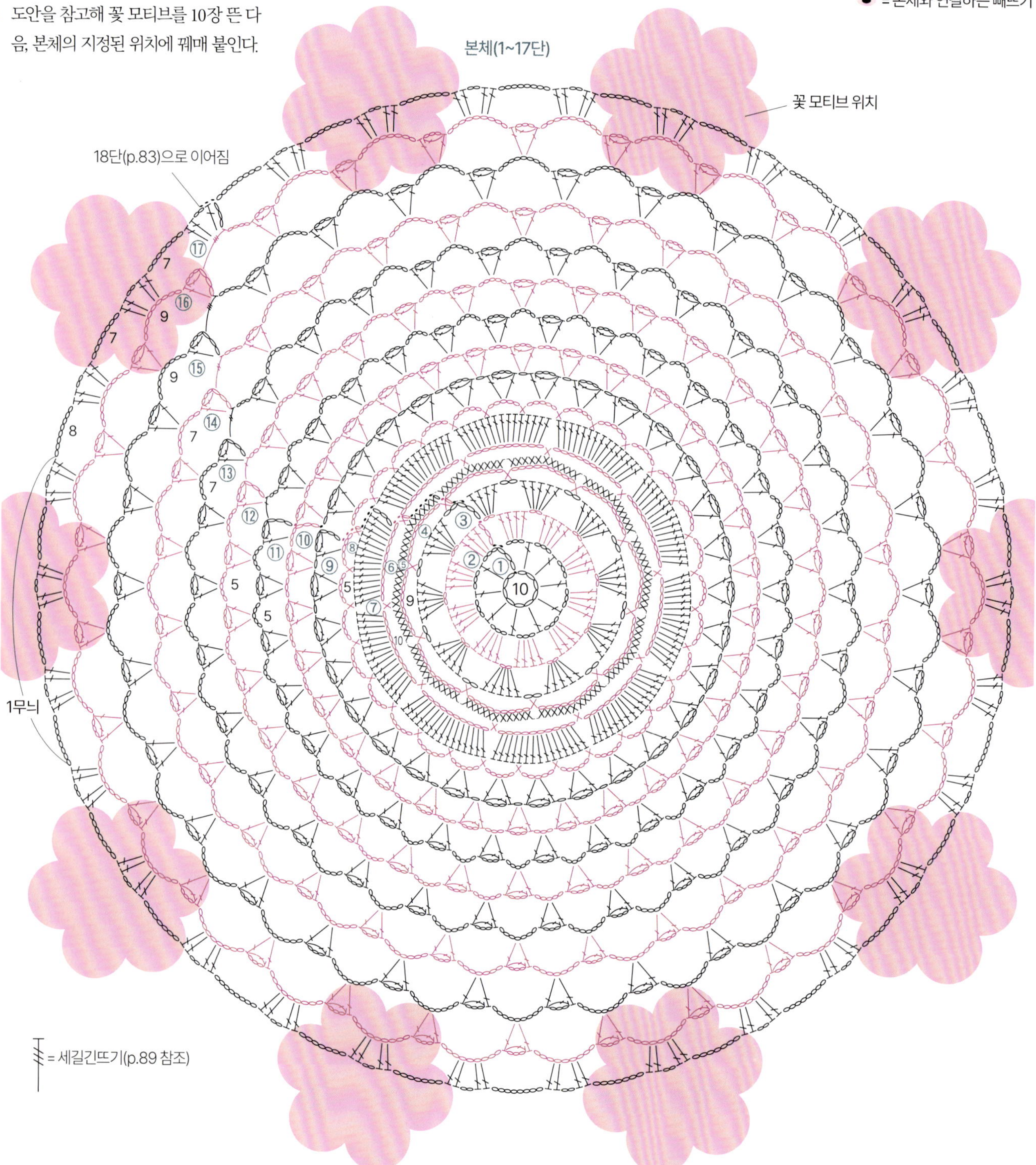

꽃 모티브 위치

18단(p.83)으로 이어짐

1무늬

⋮ = 세길긴뜨기(p.89 참조)

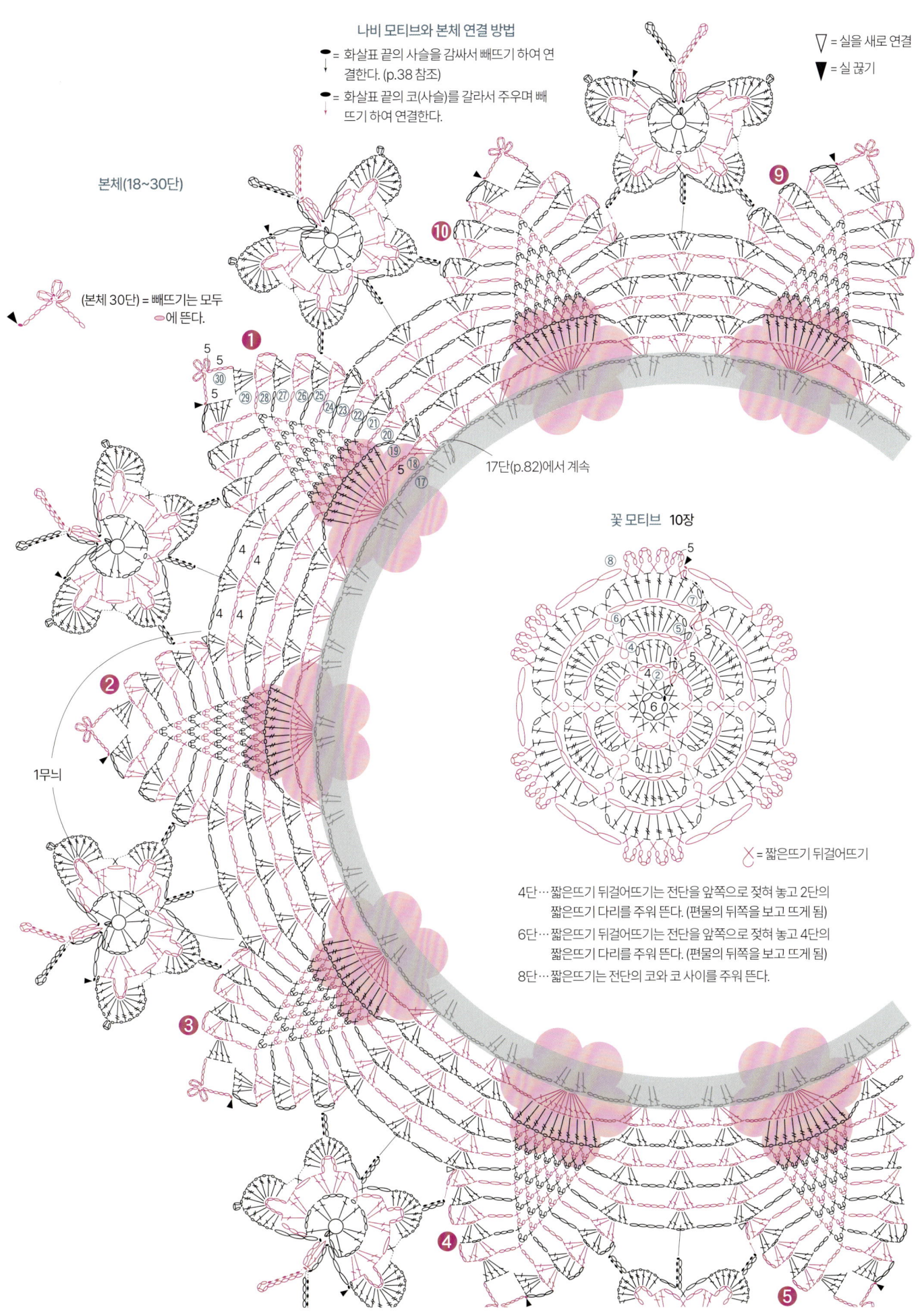

24 스몰 플라워 p.31

[실] DARUMA
레이스실 #30 아오이 / 오프화이트(15)⋯45g
[바늘] 레이스용 코바늘 4호
[게이지] 한길긴뜨기 / 1단=0.5cm
[사이즈] 지름 33cm(정원)

[뜨는 방법]

1. 본체는 실 끝으로 원형 고리를 만들어 뜨기 시작하고 1단은 짧은뜨기 8코를 뜬다. 2~15단은 한 무늬를 8번 반복해서 뜬다.
2. 16단은 꽃 모티브를 ❶~㉔의 순서로 뜨되 ❶은 본체의 15단에 연결하면서 뜨고 ❷ 이후는 인접한 꽃 모티브와 본체(15단)에 연결하면서 뜬다.
3. 17단은 꽃 모티브(16단)의 지정된 위치에 실을 새로 연결하여 사슬을 감싸서 뜨고, 한 무늬를 24번 반복하며 21단까지 뜬다.
4. 22단은 꽃 모티브를 ❶~㉔의 순서로 뜨되, 본체 21단에 연결하면서 뜬다.
5. 23단은 꽃 모티브(22단)의 지정된 위치에 실을 새로 연결하여 사슬을 감싸서 뜨고, 24단은 도안을 참고해 뜬다.

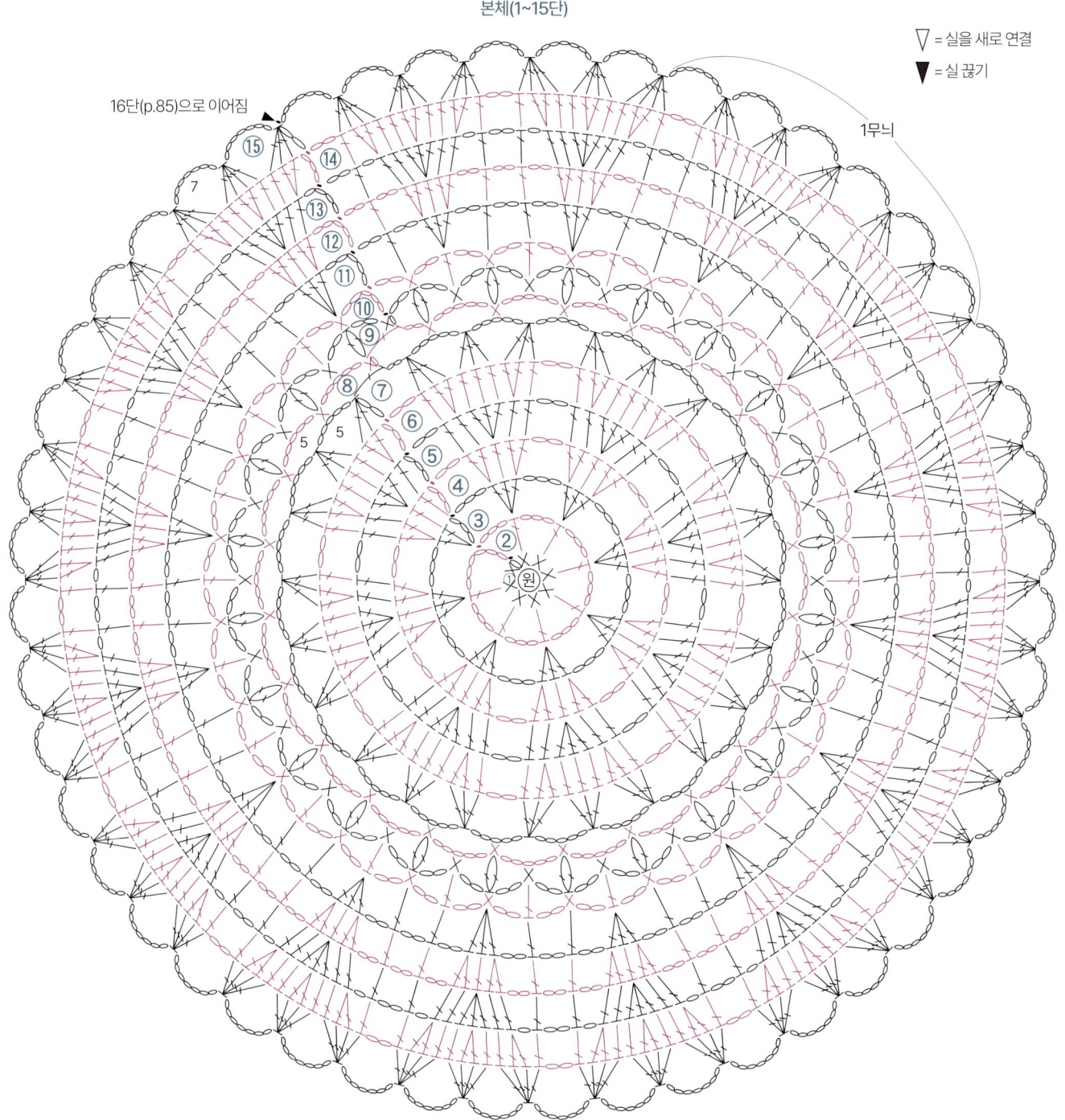

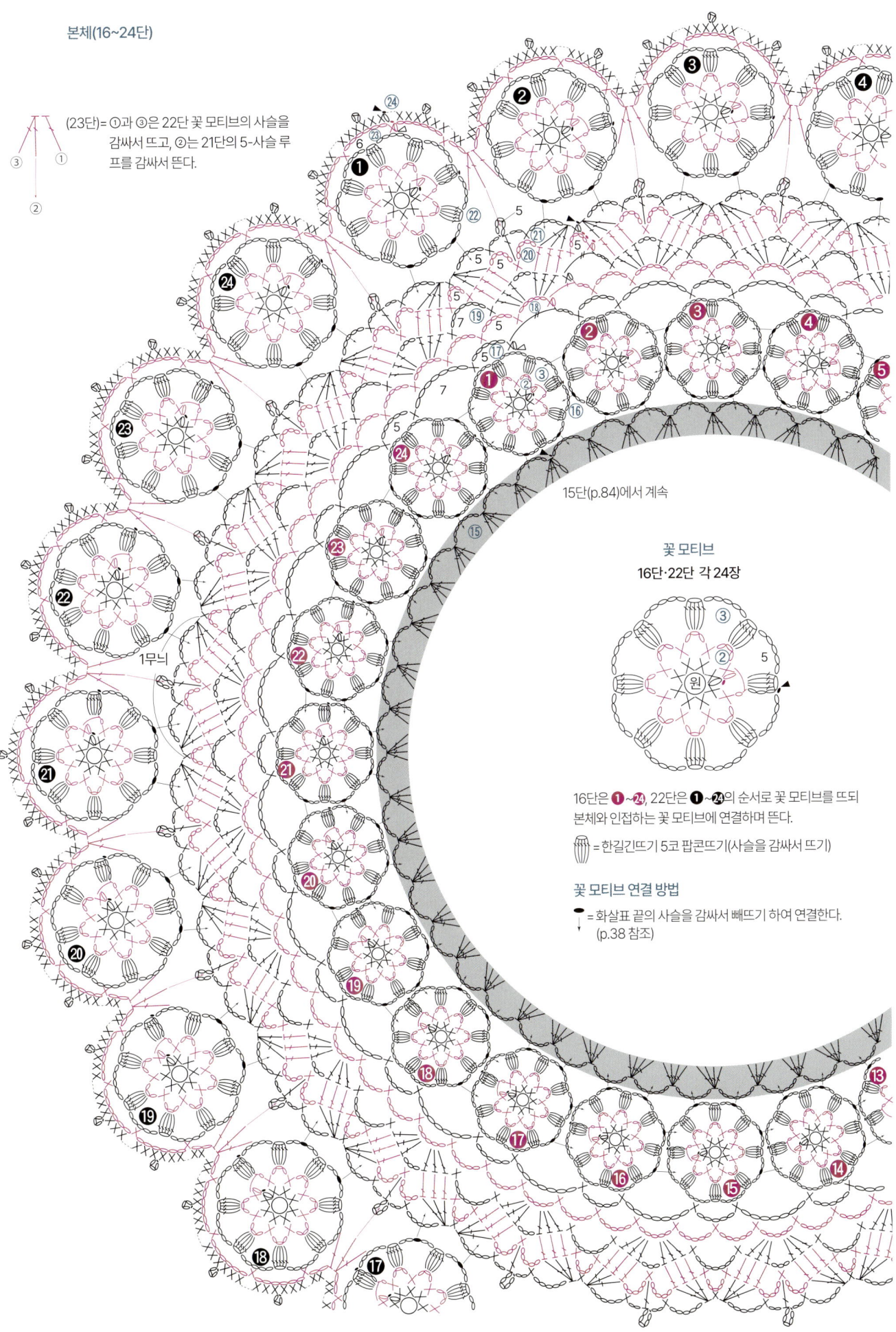

25 백합 p.32

〔실〕 올림푸스
금표 40번 레이스실 / 아이보리(852)…31g
〔바늘〕 레이스용 코바늘 8호
〔게이지〕 모눈뜨기 / 10cm=21칸×25.5단
〔사이즈〕 가로 37cm×세로 39cm(마름모 모양)
〔뜨는 방법〕

1. 본체는 기초코 사슬 16개로 뜨기 시작한다. 도안을 참조하여 양쪽 끝을 증감하면서 모눈뜨기로 97단 뜬다. (모눈뜨기 방법은 p.37 참조)
2. 테두리는 「테두리 뜨는 방법」을 참고해 외곽을 돌아가며 1단을 뜬다.

▽ = 실을 새로 연결
▼ = 실 끊기

= 세길긴뜨기(p.89 참조)

= 모눈뜨기의 칸 늘리는 방법은 p.37 참조

테두리 뜨는 방법

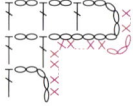

테두리는 사슬을 감싸서 1칸당 짧은뜨기를 가로 2코, 세로 2코 뜨고 모서리에서는 사슬 3개를 뜬다.

50단(p.87)으로 이어짐

본체(1~49단)

■ = 49단은 50단에서 줍는 위치를 알기 쉽게 하기 위해 중복 기재하고 있습니다.

49단(p.86)에서 계속

본체(50~97단)

= 모눈뜨기의 칸 줄이는 방법은 p.37 참조

본체 (모눈뜨기)
(5칸)
(-35칸) (-35칸)
38cm (97단)
36cm (75칸)
(+35칸) (+35칸)
(16코·5칸) 기초코
테두리 (도안 참조)
0.5cm
39cm
37cm

❄ 레이스 코바늘뜨기의 기초 ❄

도안 보는 법 원형뜨기로 뜨는 레이스 뜨기에서는 겉(앞)과 안(뒤)의 구분이 없다. (앞걸어뜨기/뒤걸어뜨기 제외)
그리고 겉과 안을 번갈아 보면서 뜨는 왕복뜨기의 경우에도 기호 표시는 동일하다.

원형뜨기
실 끝으로 원형 고리를 만들거나, 기초 사슬을 뜬 다음 빼뜨기로 연결해 원형 기초코를 만든 다음, 중심에서 1단씩 원을 그리며 뜬다.
각 단의 시작 부분에 기둥코를 뜬다. 기본적으로 편물의 겉쪽이 보이도록 놓고 뜨고, 도안은 오른쪽에서 왼쪽 방향으로 읽는다.

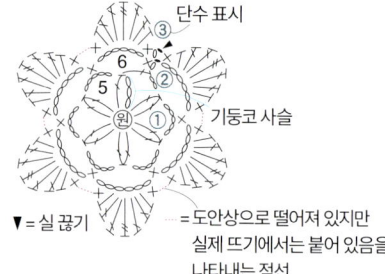
단수 표시
기둥코 사슬
▼ = 실 끊기
= 도안상으로 떨어져 있지만 실제 뜨기에서는 붙어 있음을 나타내는 점선

왕복뜨기(평면뜨기)
좌우 양끝에 기둥코가 위치하는 것이 특징으로, 오른쪽에 기둥코가 있을 경우 편물의 겉쪽을 보면서 뜨고 도안은 오른쪽에서 왼쪽 방향으로 읽는다. 그리고 왼쪽에 기둥코가 있을 경우 편물의 안쪽을 보면서 뜨고 도안은 왼쪽에서 오른쪽 방향으로 읽는다. 예시 도안은 3단에서 배색 실로 바꾼 상태.

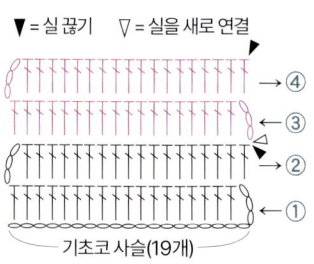
▼ = 실 끊기   ▽ = 실을 새로 연결
기초코 사슬(19개)

실과 바늘 잡는 법

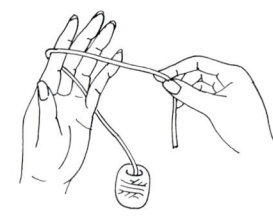
1 실 끝을 왼손 새끼손가락과 약손가락 사이에 뒤에서 앞으로 끼우고, 다시 집게손가락과 가운뎃손가락 사이에 앞에서 뒤로 끼운 다음, 집게손가락 위로 걸쳐 실 끝이 앞쪽에 늘어지게 한다.

2 엄지손가락과 가운뎃손가락으로 실 끝을 잡고 집게손가락을 세워 실을 고정한다.

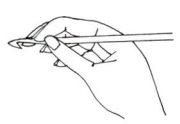
3 바늘을 엄지손가락과 집게손가락으로 잡고 가운뎃손가락을 바늘 끝에 가볍게 댄다.

시작코 만드는 법

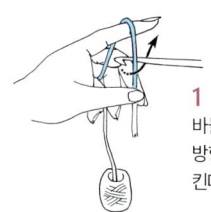
1 바늘을 실 뒤로 넣고 화살표 방향대로 바늘 끝을 회전시킨다.

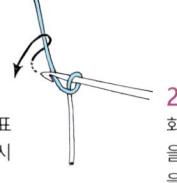
2 화살표 방향대로 바늘을 움직여 바늘 끝에 실을 건다.

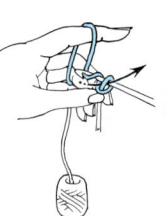
3 바늘을 당겨 바늘이 걸려 있던 고리 사이로 뺀다.

4 실 끝을 당겨 조이면 시작코가 만들어진다. (이 코는 콧수로 세지 않는다.)

기초코 만드는 법

중심에서 원형으로 뜰 때

실 끝으로 원형 고리를 만드는 경우

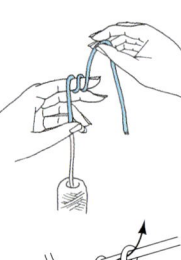
1 왼손의 집게손가락에 그림과 같이 실을 2번 감아 원형 고리를 만든다.

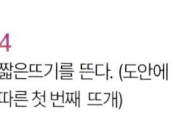
4 짧은뜨기를 뜬다. (도안에 따른 첫 번째 뜨개)

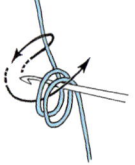
2 손가락에 감겨 있는 고리를 빼낸 다음 고리 안에 바늘을 넣고 화살표 방향대로 바늘 끝에 실을 걸어 앞으로 당긴다.

3 바늘 끝에 실을 걸고 당겨 빼서 기둥코를 만든다.

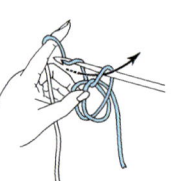
5 처음에 만든 고리 실(1)과 실 끝(2)을 당겨 조인다.

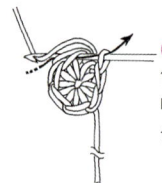
6 1단의 끝에서는 첫 코의 머리 사슬에 바늘을 넣고 실을 걸어 뺀다(= 빼뜨기).

사슬로 원형 기초코를 만드는 경우

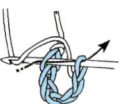
1 시작코를 만든 다음 필요한 개수의 사슬을 뜨고, 첫 번째 사슬의 두 가닥 사이에 바늘을 넣고 실을 걸어 뺀다.

2 바늘 끝에 다시 실을 걸고 고리 밖으로 당겨 빼서 기둥코 사슬을 뜬다.

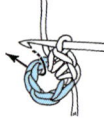
3 사슬뜨기로 만들어진 원 안에 바늘을 넣고 사슬을 감싸며 짧은뜨기를 뜬다.

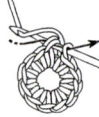
4 1단의 끝에서는 첫 코의 머리 사슬에 바늘을 넣고 실을 걸어 뺀다(= 빼뜨기).

왕복뜨기(평면뜨기)를 할 때

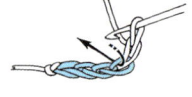
1 필요한 개수의 사슬과 기둥코 사슬(1개)을 뜬 다음 그림과 같이 끝에서 두 번째 사슬에 바늘을 넣는다.

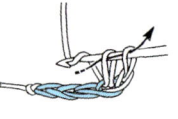
2 바늘에 실을 걸고 바늘을 당겨 실을 끌어낸 다음, 바늘에 실을 감고 화살표처럼 끝까지 당겨 뺀다(= 짧은뜨기).

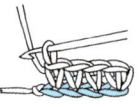
3 1단을 뜬 상태. 처음에 뜬 기둥코 사슬 1개는 코로 세지 않는다.

사슬을 보는 법

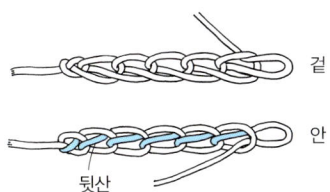

겉
안
뒷산

사슬에는 겉과 안이 있다. 안쪽에 1가닥이 나와 있는 곳을 사슬의 '뒷산'이라고 부른다.

전단의 코를 줍는 법

 코에 뜨다

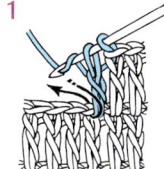
1

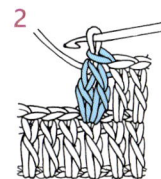
2

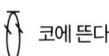 사슬을 감싸서 뜨다

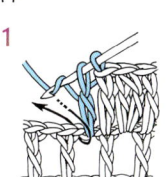
1

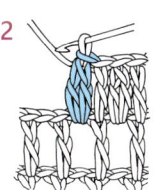
2

같은 구슬뜨기라도 기호에 따라 코를 줍는 방법이 달라진다. 기호의 아래쪽이 닫혀 있는 경우에는 전단의 코(머리 사슬 아래)에 바늘을 넣어 뜨고, 기호의 아래가 열려 있는 경우 전단의 사슬을 감싸서 뜬다.

뜨개 기호

◯ 사슬뜨기

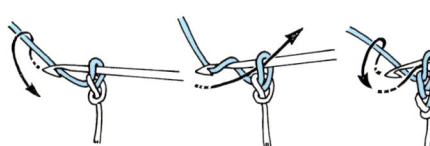

1. 시작코를 만들고 화살표와 같이 바늘에 실을 건다.
2. 바늘을 당겨 바늘에 걸려 있는 고리까지 완전히 빼낸다.
3. 「바늘에 실을 걸어 완전히 빼내는 작업」을 반복한다.
4. 총 5번 반복하면 사슬뜨기 5코가 완성된다.

● 빼뜨기

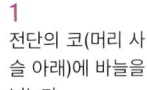

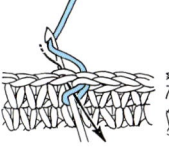

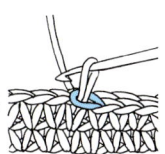

1. 전단의 코(머리 사슬 아래)에 바늘을 넣는다.
2. 바늘 끝에 화살표와 같이 실을 건다.
3. 바늘을 당겨 바늘에 걸린 고리까지 한꺼번에 빼낸다.
4. 빼뜨기 1코 완성

✕ 짧은뜨기

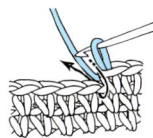 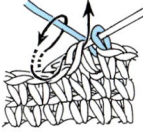 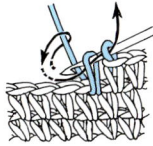 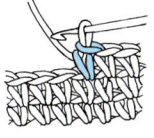

1. 전단의 코(머리 사슬 아래)에 바늘을 넣는다.
2. 화살표처럼 바늘 끝에 실을 걸고 당겨서 실을 끌어낸다. (이 상태를 '미완성 짧은뜨기'라고 한다.)
3. 다시 바늘 끝에 실을 걸고, 바늘을 당겨 바늘에 걸린 고리까지 총 2개의 고리를 한꺼번에 빼낸다.
4. 짧은뜨기 1코 완성

T 긴뜨기

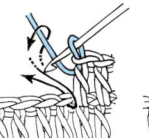 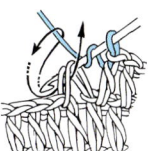 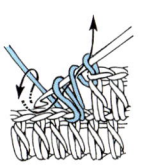 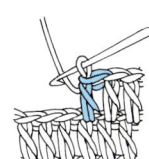

1. 전단의 코(머리 사슬 아래)에 바늘을 넣는다.
2. 화살표와 같이 바늘 끝에 실을 걸고 당겨서 실을 끌어낸다. (이 상태를 '미완성 긴뜨기'라고 한다.)
3. 다시 바늘 끝에 실을 걸고, 바늘을 당겨 바늘에 걸린 고리까지 총 3개의 고리를 한꺼번에 빼낸다.
4. 긴뜨기 1코 완성

┼ 한길긴뜨기

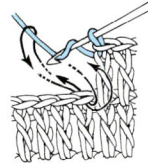 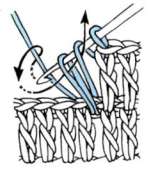 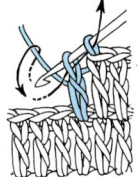 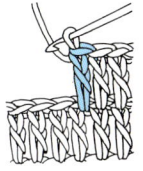

1. 바늘에 실을 1번 감고 전단의 코에 바늘을 넣은 다음, 바늘 끝에 실을 걸고 당겨서 실을 끌어낸다.
2. 바늘 끝에 실을 걸고 고리 2개만 빼낸다. (이 상태를 '미완성 한길긴뜨기'라고 한다.)
3. 다시 바늘 끝에 실을 걸어 나머지 고리 2개를 빼낸다.
4. 한길긴뜨기 1코 완성

두길긴뜨기 / 세길긴뜨기 / 네길긴뜨기

 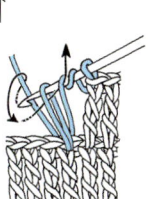 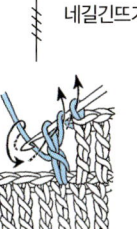 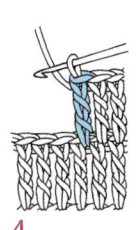

1. 바늘에 실을 각각 2번/3번/4번 감고 전단의 코에 바늘을 넣은 다음, 바늘 끝에 실을 걸고 당겨서 실을 끌어낸다.
2. 바늘 끝에 실을 걸고 고리 2개를 빼낸다.
3. 「바늘 끝에 실을 걸고 고리 2개를 빼내는 작업」을 1번/2번/3번 더 반복한다. (즉, 두길/세길/네길긴뜨기는 총 2번/3번/4번 이 작업을 반복하게 된다.)
4. 두길긴뜨기 1코 완성

※「바늘 끝에 실을 걸고 고리 2개를 빼내기」를 각각 1번/2번/3번 한 상태를 '미완성 두길/세길/네길긴뜨기'라고 한다.

짧은뜨기 2코 늘려뜨기

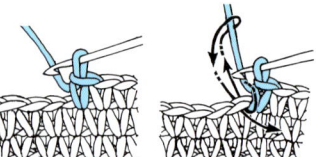

1 전단의 코에 바늘을 넣어 짧은뜨기를 1코 뜬다. (=첫 번째 짧은뜨기)

2 같은 곳에 바늘을 넣고 실을 걸어 뺀다.

짧은뜨기 3코 늘려뜨기

3 바늘 끝에 실을 걸고 당겨서 고리까지 한꺼번에 빼낸다. (=짧은뜨기 2코 늘려뜨기)

4 같은 곳에 바늘을 넣고 한 번 더 짧은뜨기를 뜬다. (=짧은뜨기 3코 늘려뜨기)

짧은뜨기 2코 모아뜨기

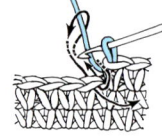 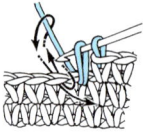  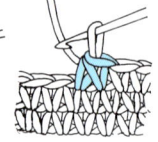

1 전단의 코에 바늘을 넣고 실을 걸어 뺀다.

2 전단의 다음 코에 바늘을 넣고 실을 걸어 뺀다.

3 바늘 끝에 실을 걸고 당겨서 바늘에 걸린 고리까지 한꺼번에 빼낸다.

4 짧은뜨기 2코 모아뜨기 완성. 전단보다 1코가 줄어든다.

한길긴뜨기 2코 늘려뜨기

※두길/세길긴뜨기 3코/4코 늘려뜨기도 같은 요령으로 전단의 1코에 지정된 개수를 지정된 숫자만큼 뜨개면 된다.

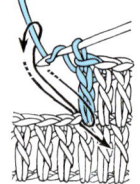 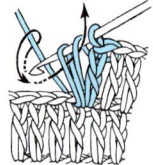 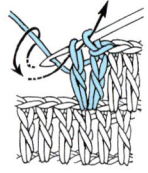 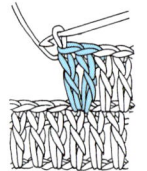

1 전단의 코에 한길긴뜨기 1코를 뜨고, 바늘에 실을 1번 감아 같은 같은 코에 바늘을 넣고 실을 걸어 뺀다.

2 바늘에 실을 걸고 바늘에 걸린 고리 2개를 빼낸다.

3 다시 바늘에 실을 걸고 나머지 고리 2개를 빼낸다.

4 한길긴뜨기 2코 늘려뜨기 완성. 전단보다 1코가 늘어난다.

한길긴뜨기 2코 모아뜨기

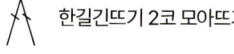

※두길/세길긴뜨기 3코/4코 모아뜨기도 같은 요령으로 지정된 숫자만큼 미완성 뜨기를 한 다음 마지막에 바늘 끝에 실을 걸고 바늘에 걸려 있는 고리를 한꺼번에 빼낸다.

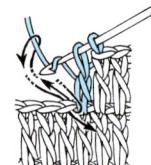 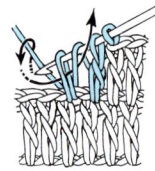 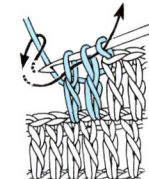

1 전단의 코에 미완성 한길긴뜨기(p.89 참조)를 뜬 다음, 바늘에 실을 1번 감아 다음 코에 바늘을 넣고 실을 걸어 뺀다.

2 바늘에 실을 걸고 바늘에 걸린 고리 2개를 빼내 두 번째 미완성 한길긴뜨기를 뜬다.

3 바늘 끝에 실을 걸고 바늘에 걸린 3개의 고리를 한꺼번에 빼낸다.

4 한길긴뜨기 2코 모아뜨기 완성. 전단보다 1코가 줄어든다.

3-사슬 빼뜨기 피코

※사슬 개수가 다른 경우에도 같은 요령으로 사슬을 뜨는 횟수만 변경해서 뜨면 된다.

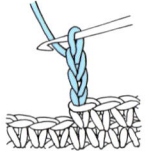

1 사슬을 3개 뜬다.

2 화살표와 같이 짧은뜨기 머리 사슬 반 코와 다리 1가닥에 바늘을 넣는다.

3 바늘 끝에 실을 걸고 고리까지 한꺼번에 빼낸다.

4 3-사슬 빼뜨기 피코 완성

한길긴뜨기 3코 구슬뜨기

※3코가 아닌 다른 콧수 혹은 한길긴뜨기가 아닌 두길/세길/네길긴뜨기의 경우에도 같은 요령으로 지정된 횟수만큼 미완성뜨기를 한 후 마지막에 바늘에 걸린 고리를 한 번에 빼낸다.

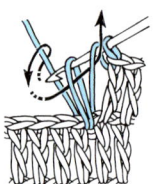 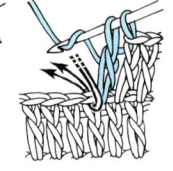 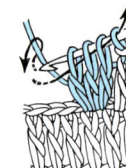 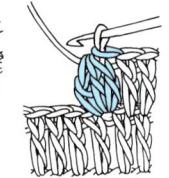

1 전단의 코에 미완성 한길긴뜨기(p.89 참조)를 1번 뜬다.

2 같은 코에 미완성 한길긴뜨기를 2번 더 뜬다.

3 바늘 끝에 실을 걸고 바늘에 걸려 있는 고리 4개를 모두 빼낸다.

4 한길긴뜨기 2코 구슬뜨기 완성

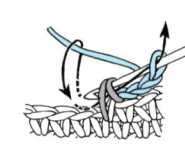 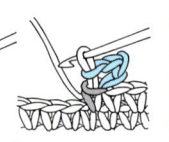

짧은뜨기 줄기뜨기

※항상 겉쪽을 보고 뜨는 원형뜨기의 경우에 해당
※짧은뜨기가 아닌 다른 뜨개의 경우에도 같은 요령으로 뒤쪽 반 코를 주워 뜨면 된다.

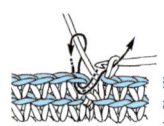 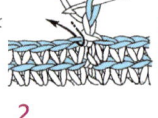 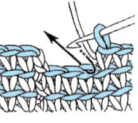 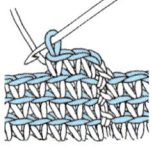

1 단의 끝에서 첫 코 머리 사슬 아래로 바늘을 넣어 첫 코에 빼뜨기 한다.

2 기둥코 사슬 1개를 뜨고, 빼뜨기 했던 코의 머리 사슬 뒤쪽 반 코를 주워 짧은뜨기를 뜬다.

3 같은 방법으로 2를 되풀이하여 단의 끝까지 뜬다.

4 짧은뜨기 줄기뜨기로 3단을 뜬 상태. 전단의 앞쪽 반 코가 줄기처럼 이어져 보인다.

짧은뜨기 이랑뜨기

※겉과 안을 번갈아 보면서 뜨는 왕복뜨기의 경우에 해당
※짧은뜨기가 아닌 다른 뜨개의 경우에도 같은 요령으로 뒤쪽 반 코를 주워 뜨면 된다.

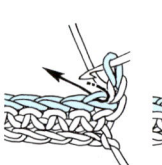 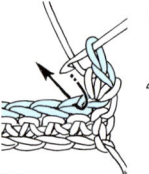 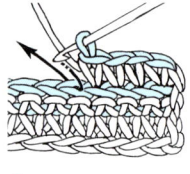

1 화살표와 같이 바늘을 넣어 전단의 코 머리 사슬 뒤쪽 반 코를 줍는다.

2 짧은뜨기를 뜨고 다음 코도 같은 방법으로 뒤쪽 반 코를 줍는다.

3 끝까지 뜨고 나서 편물을 돌린다.

4 편물을 돌려보면 볼록하게 올라온 이랑과 같은 형태가 나타난다. 계속해서 1·2와 같이 전단 코의 뒤쪽 반 코만 주워 뜨개질한다.

한길긴뜨기 앞걸어뜨기

※ 왕복뜨기의 경우 편물의 안쪽(뒷면)을 보고 뜨면 결과적으로 뒤걸어뜨기가 된다.
※ 한길긴뜨기 외에 다른 뜨개의 경우에는 같은 요령으로 1의 화살표와 같이 바늘을 넣어 지정된 뜨개를 뜨면 된다.

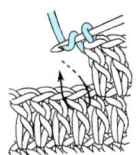 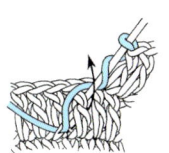 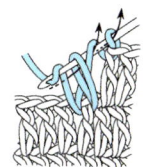 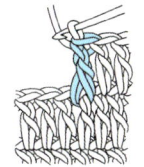

1 바늘에 실을 1번 감고 전단의 한길긴뜨기 다리에 화살표와 같이 앞쪽에서 바늘을 넣는다.

2 바늘 끝에 실을 걸고 실을 길게 당겨 뺀다.

3 다시 바늘 끝에 실을 걸어 고리 2개를 빼낸다. 한 번 더 바늘 끝에 실을 걸어 고리 2개를 빼낸다.

4 한길긴뜨기 앞걸어뜨기 완성

한길긴뜨기 뒤걸어뜨기

※ 왕복뜨기의 경우 편물의 안쪽(뒷면)을 보고 뜨면 결과적으로 앞걸어뜨기가 된다.

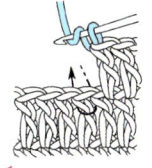 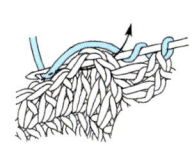 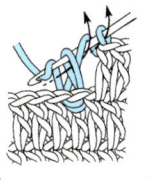

1 바늘에 실을 1번 감고 전단의 한길긴뜨기 다리에 화살표와 같이 뒤쪽에서 바늘을 넣는다.

2 바늘 끝에 실을 걸고 화살표처럼 뒤쪽으로 끌어낸다.

3 실을 길게 당기고 다시 바늘 끝에 실을 걸어 고리 2개를 빼낸다. 한 번 더 실을 걸어 고리 2개를 빼낸다.

4 한길긴뜨기 뒤걸어뜨기 완성

짧은뜨기 앞걸어뜨기

※ 왕복뜨기의 경우 편물의 안쪽(뒷면)을 보고 뜨면 결과적으로 뒤걸어뜨기가 된다.

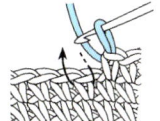 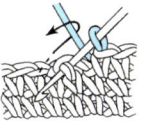 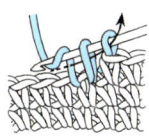 

1 전단의 짧은뜨기 다리에 화살표와 같이 앞쪽에서 바늘을 넣는다.

2 바늘 끝에 실을 걸고 실을 길게 당겨 뺀다.

3 다시 바늘 끝에 실을 걸어 바늘에 걸린 고리 2개를 모두 빼낸다.

4 짧은뜨기 앞걸어뜨기 완성

짧은뜨기 뒤걸어뜨기

※ 왕복뜨기의 경우 편물의 안쪽(뒷면)을 보고 뜨면 결과적으로 앞걸어뜨기가 된다.

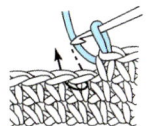  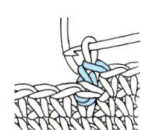

1 전단의 짧은뜨기 다리에 화살표와 같이 뒤쪽에서 바늘을 넣는다.

2 바늘 끝에 실을 걸고 화살표처럼 뒤쪽으로 끌어낸다.

3 실을 길게 당기고 다시 실을 걸어 바늘에 걸린 고리 2개를 모두 빼낸다.

4 짧은뜨기 뒤걸어뜨기 완성

한길긴뜨기 5코 팝콘뜨기

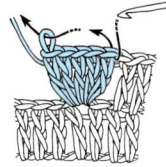 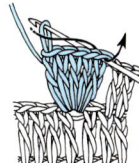 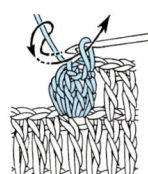 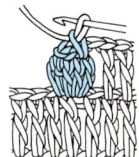

1 전단의 같은 코에 한길긴뜨기를 5번 한 후, 바늘을 뺀 다음 화살표와 같이 1번째 한길긴뜨기 머리 사슬과 바늘을 빼낸 고리에 바늘을 넣는다.

2 바늘 끝에 고리를 걸고 그대로 끌어낸다.

3 사슬을 1개 뜨고 조인다.

4 한길긴뜨기 5코 팝콘뜨기 완성

스트라이프 무늬 뜨는 방법
(단의 끝에서 실을 바꾸는 법)

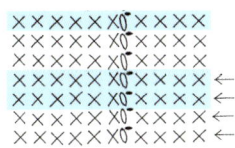 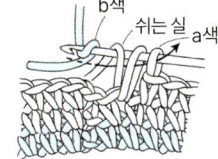 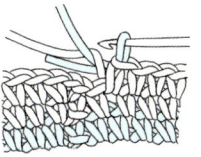 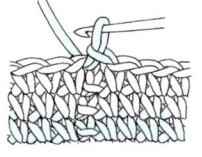 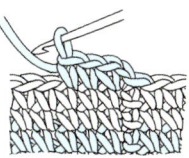

1 단의 마지막 짧은뜨기를 할 때 쉬는 실(=뜨던 실, a색)을 그림과 같이 바늘에 걸쳐두고, 바꿀 실(= 뜰 실, b색)을 바늘 끝에 걸고 당겨서 끝까지 끌어낸다.

2 a색 실이 b색 실 위에 걸쳐져서 편물 뒤로 넘어가 있다.

3 바늘에 b색 실을 걸고 첫 번째 짧은뜨기 머리 사슬에 빼뜨기를 한다.

4 기둥코 사슬 1개를 뜨고 짧은뜨기를 떠 나간다.

- 이 책에 실린 작품은 개인적인 용도 외의 상업적 목적의 복제를 금합니다.
- 어떠한 경우에도 매장이나 인터넷 쇼핑몰 등에서 판매하는 것을 금합니다.
- 복제, 전재(전자화 포함) 및 부분적으로 복사, 스캔하는 것을 금합니다.

Design & Making

작품 1·14·15·17·18·24　세리자와 게이코
작품 2·3·8　엔도 히로미
작품 4·5　Design 가와이 마유미　Making 세키야 사치코
작품 6·7　기타오레이스 어소시에이트(사이토 게이코)
작품 9　오카 마리코
작품 10·11　기타오레이스 어소시에이트(다카하시 마유리)
작품 12　기타오레이스 어소시에이트(스즈키 세이와)
작품 13　기타오레이스 어소시에이트(후카자와 마사코)
작품 16　기타오레이스 어소시에이트(시모무라 요시코)
작품 19　가와이 마유미
작품 20　기타오레이스 어소시에이트(와다 노부코)
작품 21·22　기타오레이스 어소시에이트(스즈키 쿠미)
작품 23　기타오레이스 어소시에이트(하사키 노리코)
작품 25　기타오레이스 어소시에이트(주다이 가오리)

촬영　　코즈카 교코(완성사진·목차)
　　　　혼마 노부히코(따라하기 과정·실 소개)
스타일링　가와무라 고치미
촬영 협력　AWABEES, UTUWA, TITLES
실 제공　올림푸스제사주식회사(https://olympus-thread.com)
　　　　디엠씨주식회사(http://www.dmc.com)
　　　　요코타 주식회사·DARUMA(http://www.daruma-ito.co.jp)

레이스 손뜨개 아름다운 꽃 도일리

1판 1쇄 펴냄　2023년 4월 5일

지은이　일본보그사
펴낸이　정현순
인쇄　㈜한산프린팅

펴낸곳　㈜북핀
등록　제2021-000086호(2021. 11. 9)
주소　경기도 부천시 조마루로385번길 92
연락처　전화 032-240-6110 / 팩스 02-6969-9737

ISBN 979-11-91443-15-8 13630
값 17,000원

파본이나 잘못 만들어진 책은 구입하신 서점에서 바꾸어 드립니다.